企业全面预算管理

钱立文 / 著

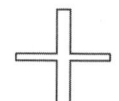

民主与建设出版社
·北京·

© 民主与建设出版社，2024

图书在版编目（CIP）数据

企业全面预算管理 / 钱立文著 . -- 北京：民主与建设出版社，2025.3. --ISBN 978-7-5139-4797-8

Ⅰ . F275

中国国家版本馆 CIP 数据核字第 20243R5L58 号

企业全面预算管理
QIYE QUANMIAN YUSUAN GUANLI

著　　者	钱立文
责任编辑	刘　芳
封面设计	柏拉图设计
出版发行	民主与建设出版社有限责任公司
电　　话	（010）59417749　59419778
社　　址	北京市朝阳区宏泰东街远洋万和南区伍号公馆 4 层
邮　　编	100102
印　　刷	文畅阁印刷有限公司
版　　次	2025 年 3 月第 1 版
印　　次	2025 年 3 月第 1 次印刷
开　　本	787 毫米 ×1092 毫米　1/16
印　　张	21
字　　数	276 千字
书　　号	ISBN 978-7-5139-4797-8
定　　价	88.00 元

注：如有印、装质量问题，请与出版社联系。

前言

一说预算管理，大家的第一反应就是财务预算，要么觉得它是财务部门的事情，要么认为它是控制成本费用的工具。其实，企业预算管理是一种全局的、系统的管理控制方法，能够将企业的所有关键问题融于一体并通盘解决。概括来说，预算有三大作用。

第一，搭建公司战略落地的桥梁，让战略规划不至于沦为战略"鬼话"。

第二，培育思考能力，优化过程控制，解决能力层面和执行层面的问题，从而实现公司目标。

第三，将公司战略、经营目标、行动方案、资源投入、业务运营、过程控制及绩效管理等纳入一个体系，齐头并进地推进并形成闭环管理。

也就是说，预算管理上接战略，下接绩效，在中间协调公司整个的运营。

对于预算管理的价值，我们也有很多总结：凡事预则立，不预则废；谋定而后动，三思而后行；行成于思，毁于随；运筹策帷帐之中，决胜于千里之外；无计划勿行动，无预算勿开支……

预算管理的本质，绝不是降成本、降费用，而是"创新行动方案，调整动力机制"，在目标的拉动和绩效的驱动下，引导大家在做事和花钱方面不断地思考：能调整吗？能改进吗？能创新吗？通过这样的过程，让团队养成思考的习惯，提高思考的能力，让创新文化在企业里真正落地。如果大家都秉持经验主义，因循守旧，一成不变，创新机制就成为一纸空文，目标达成就变成一句空话。

我经常在思考一个问题：我们的预算管理，问题究竟出在哪里？多年的一线预算管理实践告诉我，问题主要出在三个层面上。首先是"道"，即公司高管对预算管理内在规律的理解出了问题。俗话说，"问题出在前三排，根源在于主席台"，这句话放在预算管理上非常贴切：公司高管不明白预算管理是怎么回事、对公司有什么作用、如何发挥作用，不清楚预算管理的运行机制如何，不知道实施预算管理要创造什么样的环境、扫清什么样的障碍、具备什么样的条件。其次是"法"，即公司的中层或骨干人员未能掌握预算管理的基本方法和基本技能，而传统的预算管理书籍又进一步让他们误入歧途。最后是"术"，即基层人员在具体操作时编制、执行等不规范、不到位。其实术的层面问题不大，但是没有做过预算管理的人，总觉得不会编预算才是大问题。而实际上几乎所有的公司第一年实施预算管理，都能把预算表单编出来。因为公司的财务人员都会编会计报表，自然就会汇总编制预算报表，唯一的区别是，会计报表根据历史数据汇总编制，预算报表根据未来的数据汇总编制。所以，预算管理存在的问题应该是"6、3、1"——60%的问题出在公司高管的预算理念上，30%的问题出在中层骨干对预算方法的掌握上，10%的问题出在基层对预算的编制上。

很多公司实施预算管理多年，回过头来总结时觉得预算管理形式上是做起来了，实质上却没有什么效果。还有很多公司大发感慨：不做预算还好，做了预算，成本费用反而上去了，预算管理最终成为费用膨胀的罪魁祸首。他们非常困惑：实行预算管理，收入和利润目标

前　言

总是完不成，成本费用指标却往往可以完成预算，甚至超预算，以致大家拼命打压收入目标和利润目标，夸大困难和障碍，最终只能完成最低指标和最低绩效，经营陷入无解的局面。

目前市场上，在预算编制这个"术"的层面，书籍很多，培训也很多。而本书会在预算思想和预算方法上带给大家更多的启发、思考和借鉴。当然了，有些公司和朋友之前从没接触过预算管理，他们需要落地的工具和方法，因此，书中也会提供完整的、成熟的预算编制指引和预算执行指南，包括制度、流程和表单，让大家少走弯路，让预算理念和预算方法快速落地。

本书具有以下四大特色：

- 源自一线实战（三十多年的企业财务、经营、管理实战）；
- 颠覆传统预算（完全不同于传统预算管理的理念和方法）；
- 基于目标达成（一套能够落地的组合拳，为目标保驾护航）；
- 建立创新机制（让团队养成思考的习惯，提高思考的能力）。

本书适合以下人群：

董事长、总经理等公司高管，以及积极上进的中层干部或骨干人员。不必担心内容晦涩难懂，因为本书不涉及会计专业知识，书中分享的完全是一套保障战略落地、目标达成、运营高效、绩效共赢的管理方法论。

财务负责人、预算管理负责人及有志于成就财富人生的财务人员。在此提醒各位财务伙伴，请摒弃之前接触的传统预算思维和方法，跳出财务框架，以公司全局管理的视野和高度来阅读本书。

财经院校学过管理会计课程的大学生。若你觉得大学里这门课程中的预算管理相关内容比较难懂、不好应用，建议你仔细阅读本书，它能帮你迅速提升经营管理实战技能。

在创业阶段或准备创业的朋友。本书可以帮你全面系统地掌控公司运营法门，提升能力，实现目标。为什么营业收入停滞不前？为什么利润目标总是难以实现？为什么你对员工的能力素质总是不满意？……本书能为你揭晓答案。

再次说明，本书是一本彻头彻尾的管理书，介绍的是一种系统的管理方法论，与财务核算无关，与会计报表无关。

限于我的水平和经历，书中定有疏漏、不妥甚至失误、错误之处，诚心欢迎财务同人、读者朋友批评、指导、点拨，让这本书更完善、更实用。

好吧，让我们带着下列问题，正式开始预算管理领域的交流和分享。

- 为什么预算管理会沦为财务部门自娱自乐的数字游戏？
- 为什么很多公司年初制定的目标到年底都完不成？
- 为什么很多公司年初制定的目标都被压得低低的？
- 为什么说公司董事长、总经理不懂预算管理，经营失败几乎如影随形？
- 很多专家说预算管理是管理会计的一种方法，你有没有受到"毒害"？
- 为什么让销售部门增加销售收入，销售人员就会挖空心思要求公司降低价格、增加赊销、增加人员、增加提成、提高费用？企业管理本来应该是以思想支配行动，在这里怎么都变成了简单鲁莽的本能反应？销售专业人士的智慧、努力和创意都去哪儿了？

前　言

- 任正非说，我们永远强调在思想上艰苦奋斗；思想上艰苦奋斗是勤于动脑，身体上艰苦奋斗只是手脚勤快。那么，如何建立一种长效机制，让公司的各层管理者和普通员工都能自动自发地勤于动脑？

最后，衷心希望并期待各界人士能够在自己的经营管理实践中创造卓越的企业预算管理应用案例。

钱立文

| 目录 |

第一章
预算理念

> **预算管理实践三大痛点** 003

　　一、不识预算真面目，只缘身在迷雾中　003
　　二、编制敷衍了事，执行随心所欲，考评不知所措　007
　　三、公说公有理，婆说婆有理，到底谁有理　008

> **财务为何陷入预算死结** 011

　　一、财务不懂业务，哪有能力推行预算管理　011
　　二、业务部门是一线，财务哪有权力管他们　012
　　三、预算控制一管就死，一放就乱　013

> **预算管理的本质和作用** 015

　　一、预算管理是管理控制方法，预算是手段，管理是目的　015
　　二、年初制定的预算目标，为什么年底总是完不成　016
　　三、理解目标、计划和预算的关系，掌握预算的精髓　019

四、价值1美元的商品如何卖到2美元、20美元、200美元　022

五、空白原则和拉近法则是企业达成目标的法宝　028

六、预算管理的本质：创新行动方案，调整动力机制　032

> 预算上接战略，下接绩效　035

一、预算要从战略开始　035

二、预算管理保障战略规划落地　037

三、预算管理促进绩效目标实现　038

第二章
预算组织

> 预算组织如何定位　043

一、预算管理为何成为数字游戏　043

二、成功的预算组织模式是什么　045

> 一把手工程是核心　047

一、一把手工程的必要性　047

二、一把手不懂预算管理的危害　049

三、一把手工程的可行性、操作性　056

> 预算两会非开不可　060

一、预算答辩会保障预算编制质量　060

二、预算分析考评会保障预算执行到位　062

三、预算两会重点关注创新的内容　062

目 录

第三章
预算编制

> 确定目标 067

一、公司战略规划的四大利器如何应用 067
二、预算目标制定的三大策略如何选择 080
三、预算目标制定的两种流程孰优孰劣 095
四、公司目标分解的重要性和操作要点 097

> 编写计划 105

一、没有行动方案的保障，预算就是数字游戏 105
二、既然计划赶不上变化，为什么还要做计划 110
三、杰克·韦尔奇提升公司业绩的六大行动方案 113
四、如何编写公司层面和部门层面的计划体系 116

> 编制预算 131

一、公司预算编制实践中突出的问题是什么 131
二、遵循三大规则，预算必定远离数字游戏 133
三、传统的预算编制方法如何进行调整改善 141
四、通过实践案例如何领会预算编制的精髓 146
五、如何组织答辩才能保障预算编制的质量 155

> 编制实操 165

一、预算管理培训 165
二、公司战略规划 165
三、下达重点目标 167

3

四、预算启动会议　168

五、年度工作总结　171

六、预算编制大纲　172

七、重大投资立项　188

八、分解预算目标　188

九、行动方案保障　189

十、目标计划审定　190

十一、预算编制表单　192

第四章
预算执行

> 预算控制　239

一、费用报销的悖论　239

二、传统预算的弊端　241

三、动态预算的性质　242

四、预算控制的规则　245

五、预算控制的方法　248

> 预算审批　253

一、为什么有了预算，使用预算还要审批　253

二、"两抢预算"完全违背了预算管理的初衷　254

三、如何设计预算使用申请单　259

四、容易出问题的敏感性资产要做预算吗　261

> 预算调整　263

一、生搬硬套预算调整原则害人不浅　263

目 录

二、为什么新的预算调整原则能收放自如　266

三、各科目之间费用预算可以张冠李戴吗　271

四、预算调整影响利润目标的实现怎么办　273

五、为何必须让滚动预算从实践中"滚蛋"　275

六、某公司的预算管理为何造成巨额损失　276

> 预算分析　279

一、为什么要特别重视预算分析这个环节　279

二、如何保证预算分析形式上和实质上都到位　279

三、如何制定预算分析程序，保证分析质量　281

> 预算考核　288

一、预算考核面临哪些困惑　288

二、可以奖励预算结余的部门吗　293

三、可以考核预算准确度吗　295

四、如何量化预算指标考核　297

五、如何定性考核预算绩效　301

> 执行指引　304

一、预算控制　304

二、预算审批　307

三、预算调整　308

四、预算分析　310

五、预算考核　313

总结　企业预算管理的价值和作用　317

5

第一章

预算理念

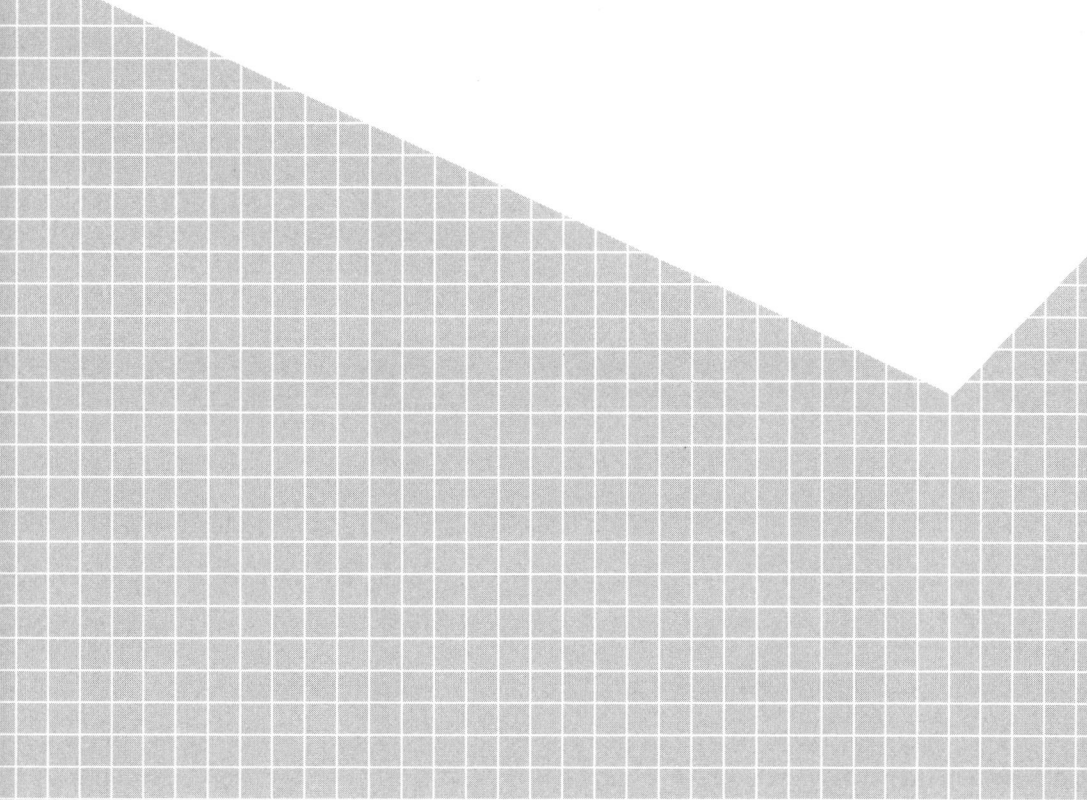

预算管理实践三大痛点

不少人对预算理念不清不楚，不知道预算管理的本质特征，不了解预算管理的运行机制，没掌握预算管理的方法体系，以至于预算管理在企业经营实践中的应用效果不尽如人意，它既不能承接战略落地，又不能保障绩效达成，在不少企业中最终变成了鸡肋：弃之可惜，食之无味。

本节我们和大家分享三个真实案例，这三个案例展现了九个典型问题，本书的目的就是要解决这九大问题。把这九个问题都解决了，预算管理实践中遇到的难题也就会迎刃而解。

一、不识预算真面目，只缘身在迷雾中

案例 1-1

随着公司人员的增加和销量的增长，陈总越来越意识到管理和控制的重要性。于是集团公司年初提出了"以财务管理为中心，以预算管理为核心，全面提升经营管理能力"的指导方针，特别指定集团公司财务总监钱总全面负责此事，充分授权钱总开展预算管理工作。

如此这般安排以后，陈总本以为到年底就可以听取有关"集团公司推行预算管理成效显著"的汇报了。可是，还没到国庆节，钱总就

找上门来诉苦：预算管理推行极不理想，自己得罪不少人不说，大家对财务部门的抵触情绪也越来越大；年初编制的预算现在看来就是一堆废纸，没人拿它当回事，更别指望实现年初制定的目标了。这样的执行情况让陈总感到十分意外和困惑，多年的经营与管理经验告诉他，此事不能仅听钱总一面之词，他决定召开一次预算工作专题会，让大家畅所欲言，找出问题到底出在哪里。

集团公司财务总监钱总：

"集团公司今年首次推行预算管理，由财务部门牵头进行。为此，财务部门做了大量的基础工作，包括传达预算管理制度、编制预算表单模板、组织培训、汇总预算、平衡预算、指导预算等。但是经过半年多的执行，各公司、各部门普遍反映没有收到效果，甚至有些单位明确表示实施预算管理弊大于利，劳民伤财，不如不搞。从预算控制的角度看，咱们公司的预算执行情况也很不理想，偏差太大……希望大家开诚布公地把自己的意见和建议都提出来。"

集团公司财务部门吴部长：

"我先说说。集团公司推行预算管理，我起初是举双手双脚表示赞成的，所以年初任务一下来，我就和财务部门所有人员加班加点地进行各项预算准备工作。为了把这项工作做好，我们查阅了大量书籍和资料，参加了一些培训，起草了预算管理制度。考虑到公司刚开始推行预算管理，大家都没有经验，我们还为各子公司、各部门设计了预算编制表单模板和编制大纲，对哪个表格填什么数据等细节都给出了指导。我们能做的、该做的都做了，可是结果呢？到了上报预算的时间节点，大家要么不提交，要么交上来的全都犯低级错误甚至是敷衍了事；催大家上报预算执行分析表和行动改进方案，全都以忙工作为由推托，有的人甚至跟我们说，一看到是我们的电话就不接了。这种吃力不讨好的事情让我们很憋屈，现在看来，我们财务部门实在是没有办法负责这件事了！"

××子公司徐总：

"我想问一句，对于咱们公司来说，预算管理有用吗？首先，为了这一大堆表格，我们公司财务部门连续一周天天加班，总算弄出来一个交上去了，结果上面又说目标太低了，让我们重编。

"再看看我们的预算和实际经营情况，简直就是预算和执行两张皮，一个天上一个地下。不是我不明白，这世界变化快！别的公司我不敢说，反正我们公司的市场变化太大了，什么都在变，随时都在变，我们花那么多时间、那么多精力弄这些表格，究竟有什么用啊？"

集团公司研发总监韩总：

"其实预算就是财务部门的事情，说白了就是数字游戏！我都不知道为什么让我参加这个会议。"

最后，由集团公司陈总进行总结：

"很感谢大家的积极参与！通过今天这次讨论会，我发现我们公司在预算管理方面还存在许多问题，公司将进行认真研究，必要时请专家来帮助解决。

"大家普遍认为预算管理是财务部门的事情，认为预算就是报表加数据，这个观点肯定是不对的，但是怎么看待这个问题，还有待研究。

"咱们公司是否真的需要预算管理，预算管理的目的和作用到底是什么，也需要从根源上解开疑惑……"

这个案例活灵活现地把初次实施预算管理的公司会遇到的主要问题一一展示了出来，比如：生产部门认为财务部门吃饱了撑的，没事瞎折腾；研发部门认为预算管理就是财务部门的数字游戏，与己无关；销售部门认为计划不如变化快，销售无法做预算也没必要做预算；其他部门也都在消极对待，设置障碍（见图1-1）。

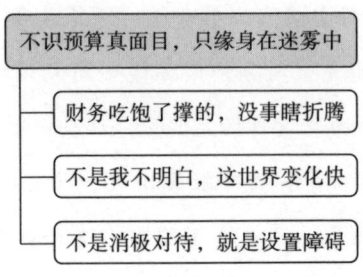

图1-1　初次实施预算管理会遇到的问题

我们当初推行预算管理的时候，生产副总一见到我，恨不得把我给吃了："我一看是你们财务部门的电话，都不想接了！我们为了完成订单忙得热火朝天，不像有的部门吃饱了撑的没事干。预算不就是你们财务部门的事情吗？我们哪有那个闲工夫编什么预算？！"

销售部门呢？他们也是抱怨一大堆："我们在市场一线，市场千变万化，唯一不变的就是变。请问在这种环境下，我们销售部门做得准预算吗？有必要做预算吗？"

其他部门呢？会积极参与、主动配合吗？你想多了。实际情况是，其他部门不是设置障碍，就是消极对待。因为他们看不到预算管理对他们有什么帮助、有什么甜头，都认为公司准备拿预算指标来卡他们脖子。

根据我们的经验，刚开始推行预算管理的公司，必然面临上述问题。请问，这些现象是操作层面的问题吗？当然不是。那么，是方法层面的问题吗？也不是。一定是思想上、意识上、共识上出了问题。所以，首先要解决理念问题，这是重中之重！

二、编制敷衍了事，执行随心所欲，考评不知所措

案例1-2

销售经理："集团公司提前三个月就要求制定下一年度分解到月度的预算，还是以销售预算为起点的，我们真是为难得很。我们是一线人员，最清楚市场变幻莫测。我们的产品以女士流行服饰为主，说不定什么时候流行趋势就变了，而且每个季节都不一样，怎么可能提前那么多天制定准确的预算呢？如果生产部门真的按照这个预算去组织生产，那才是有毛病呢！我们真正销售和要货的时候都是按客户订单进行的，大多数订单都是来得急也要得急，计划赶不上变化。我看这个年度预算就是个空壳子，不要也罢。"

工厂厂长："销售预算是难做，这我们也理解。但是如果没有计划，我们怎么安排生产？此外，采购部门也要我们提供数据，否则采购物资和财务资金的准备就跟不上，耽误了订单算谁的？在这里，我对财务部门也有点意见，审批流程太复杂了，周期又长，内耗太大了。"

财务总监："每个部门和子公司总是以各种理由出现预算外事项，导致预算外的事情和金额比预算内还要多，审批手续当然要复杂和严格了。财务部门一向是得罪人的部门，我也不好办哪。还有，每次要求各责任中心对预算偏差进行说明的时候，大家都敷衍了事，也没有差异分析和改进措施。预算工作真不好做！"

人力资源总监："我们部门每个月做工资表的时候才为难呢！如果真按预算执行结果进行考核，大家的工资都扣光了。所以每个月都要请示老板如何处理，弄得有制度却没法执行，老板也是一头雾水。"

这个案例中出现的问题（见图1-2），实施预算管理多年的公司或多或少都会存在。让我吃惊的是，有些上市公司实行预算管理都七八年了，上述问题竟然无一例外地全部存在！而且你会发现，案例中的销售经理、工厂厂长、财务总监及人力资源总监所说的都是客观情况，他们并不是在单纯地推卸责任。那么，在实施预算管理的过程中应如何看待并解决这类问题呢？这是我们后续要和大家交流的重点。

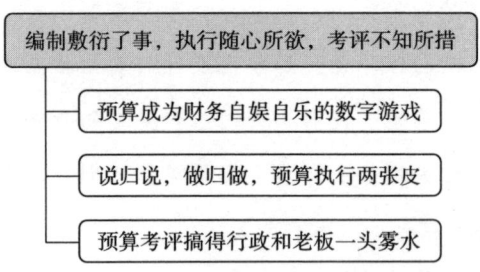

图1-2　实施预算管理多年会遇到的问题

三、公说公有理，婆说婆有理，到底谁有理

案例1-3

每年10月开始编预算，到年底总公司批复预算，周而复始的、漫长的预算编制周期常常让财务人员感到疲惫不堪。而且，尽管预算编制是公司的一项重要工作，但在财务人员看来，这只是一场明争暗斗、劳心费力的数字游戏而已！

10月中旬的某一天，××子公司财务部门吴经理收到总公司的年度预算编制通知，便叫来预算科的郑敏进行预算工作布置："明年的预算要在 11 月底前上报总公司。你给各职能部门、各业务单元发一个通知，让他们在 10 月底前上报明年的预算。另外，让设备科、财务科配合你一下，把今年的会计报表和明年计划的投资项目提供给你。你和同事加加班，提前几天把预算弄出来，先报我和总经理审核一下。"

半个月后的一个周末，郑敏通知下属周末加班编预算。下属面有难色："科长，恐怕有困难，我们下发通知的时间太紧了，很多部门来不及编制，现在只交上来不到一半呢。"

郑敏见怪不怪："我知道时间确实紧了点，估计他们也交不上来。不过没关系，他们报他们的，我们编我们的，反正他们只会要钱报费用，从来都把收入和利润压得低低的。按他们的结果编，我们自己都通不过，更何况总公司呢？下面我交代一下编制的原则：总的原则和去年一样，保守一些，替我们的老总多想一想，总得让他通过考核，大家才有好日子过嘛。"

接下来的十来天，预算科的办公室每天深夜都灯火通明，郑敏带着下属们紧张地计算着每一项收入、成本、投资、融资。11 月中旬，一套完整的预算表单出炉了。吴经理审核后很满意，只是叮嘱郑敏把造成收入下降、费用上升的理由说得再充分一些。郑敏会意地一笑，按吴经理的指示做好后把预算发给总公司。预算编制的第一阶段圆满完成。尽管她和吴经理都知道，他们的预算目标一定不会被采纳。

12 月中旬，吴经理又把郑敏叫去了："这是总公司决定下来的每个子公司明年的收入指标和利润指标，你给他们发下去，让他们按这个把预算调整过来，12 月底之前报上来。"郑敏看了一下总公司下发的指标，跟往年一样，就是要求收入和利润增加一点，成本和费用降低一点，资本性支出大幅削减。只是今年总公司要求调整的幅度太大了，一看就是没法完成的，可这是上面的指令，没办法，郑敏只能硬着头皮重新调整所有的预算表单。

于是，按总公司的时间要求和指标要求，她和下属又加了几天班，把预算调整好上报给总公司了。同时，将此预算目标分解到下属各职能部门、各业务单元。在年度经济工作会议上，子公司总经理和各个部门的负责人牢骚抱怨一大堆，无奈之下，子公司与总公司、子公司各部门与子公司分别签订了明年的业绩确认书。

至此，一场数字游戏宣告结束！

这个案例揭示的问题几乎所有公司都存在，让公司的老板头痛不已。其实这就是通用电气前CEO（首席执行官）杰克·韦尔奇所谓的"预算死结"（见图1-3）。

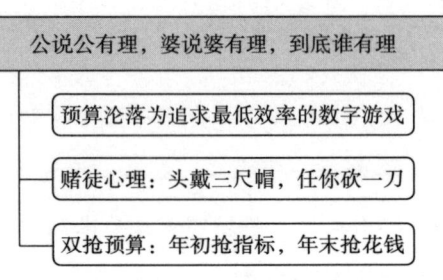

图1-3　杰克·韦尔奇的预算死结

第一章 预算理念

>

财务为何陷入预算死结

在公司实施预算管理之前，财务人员可能会觉得自己能力尚可，尤其是在账务处理方面游刃有余，可是一旦公司实施全面预算管理，财务人员就会觉得自己简直是个"低能儿"，不通战略、不懂业务、不明绩效、不善沟通、不知变通等能力短板立即暴露无遗。

一、财务不懂业务，哪有能力推行预算管理

例如，编制预算的时候，销售部门说，明年广告费预算需要1000万元，而去年实际发生额为500万元，财务负责人在参与预算审核时就会非常困惑：为什么广告费要翻一番？这么多广告费投下去能增加多少销售额？承诺的销售额如果不能实现怎么办？这些广告费准备如何投放？……在预算调整的时候，财务负责人也会陷入困惑：研发部门要求研发经费从年初的1000万元调增到2000万元，研发总监用了100多页幻灯片来说明调增的理由，结果财务负责人还是一脸蒙，不知道研发部门说的这些理由是真的还是假的，是真需要调增到2000万元，还是1500万元就可以了，甚至根本就不用做调整；也无法判断新产品投放市场的时间节点能否把控，市场效果能否达到预期，研发经费投放在新产品的功能、技术、质量、外观、体验方面的比例如何……

这些问题的解决，依赖于财务负责人知识面的宽度、参与业务的

程度、寻求总经理指导的频率等，还依赖于预算编制的要求、预算调整的流程、预算分析的程序、预算考核的导向等。在这些问题导向下，财务部门能够迅速地将职能从会计核算向财务管理转型，真正为企业解决问题，帮助企业创造价值。

二、业务部门是一线，财务哪有权力管他们

业务部门在预算编制阶段常常高报成本费用，低报销售收入。财务部门进行预算平衡的时候，业务部门往往会加以"威胁"："如果砍掉我的费用，业务受到影响我可不管！"财务部门被业务部门吓得手一抖，就放手让他们过去了。总经理责问财务负责人怎么回事，财务负责人无奈地说："我也想坚持原则，也想发挥预算的作用，可业务部门是一线部门，我哪有权力管他们？"各位财务人员可以回想一下，在你的公司里面，财务部门被定位为几线？有些可能是一线，但极少是这样的。有人说"如果有二线，我们就是二线，如果有三线，我们就是三线，反正我们是最后一线，因为财务要站好最后一班岗，把好最后一道关嘛"。所有人都把财务部门定位为后勤服务部门，总经理、职能部门、业务单元，包括财务部门自己都是这么认为的。请问，在这种情况下财务部门要进行预算管控，怎么管得住呢？确实有点不敢管，管不了，也没能力管。

这类问题的解决，依赖于财务部门重新定位和弥补短板。财务人员要努力改善财务部门的生存发展环境，对预算管理有正确的理解和认识，能够掌握合理、有效的预算控制方式方法。

三、预算控制一管就死，一放就乱

实施预算管理以后，绝大多数总经理慢慢就开始埋怨财务部门：利用预算进行控制，不是特死板，就是什么也管不了。

总经理希望财务部门在包括预算管理在内的所有财务管理方面做到五个字：到位不越位。

案例 1-4

某公司采购经理向财务总监申请办理采购付款单，本次申请付款总额 500 万元。

财务总监："为什么要付这家供应商 500 万元？"

采购经理："当初与这家供应商谈定的铺底货款是 300 万元，现在我公司账面应付账款上反映欠其 800 万元，按照合同约定是应该付他 500 万元呀。"

财务总监："请问，我们的客户都能按照合同约定的回款日期不折不扣地回款吗？这显然是做不到的。既然客户经常拖欠我们的货款，那么我们哪有能力都按照约定条件付款呢？"

采购经理："钱总，那你看本次可以付多少呢？"

财务总监："300 万元。"

采购经理："好，那就先付 300 万元。"

财务总监："为什么都是付现款？我们的销售回款大部分是银行承兑汇票，我们去银行贷款，银行也要求我们开承兑汇票做回报。我们手头的承兑汇票用不掉就只能拿去贴息，光这一项，企业一年就要损失 1000 多万元！"

采购经理:"那你说怎么付?"

财务总监:"建议全部付银行承兑汇票。"

采购经理:"好,就按你说的办。"

第二天,采购经理急匆匆地跑进财务总监办公室:"钱总,大事不好了,昨天那家单位发来一份通知,要求我们从此以后款到发货,如果付款方式是承兑汇票,价格再加3%。他们已经停止给我们发货了,钱总能不能帮我们去处理一下啊。"这回财务总监就变得非常被动了。

这个案例展现的场景是不是在财务工作中非常普遍?财务工作为什么总是处处被动?我们的初衷完全是一心为公,可是又有谁领这个情呢?案例中财务总监的做法是不是在维护企业的利益?之所以结果不佳,是因为他的做法"越位不到位"。我们需要经常思考一个问题:在什么地方应该放,在什么地方应该收?答案是,属于业务职权范围的必须放,属于财务监控范围的必须收,真正做到"收放自如",这样别人感到轻松愉快,自己也履行好了财务职责。

案例中的财务总监应该怎么做,才能达到收放自如的效果?

对于某个具体的供应商,他能接受付多少款,是否可以接受银行承兑汇票付款方式,可以接受的比例是多少,谁最清楚?谁在一天到晚跟供应商打交道?显然是采购经理。这里就是放的地方。哪里需要收呢?每个月对公司的采购付款总额或应付账款余额进行控制,对银行承兑汇票占付款总额的比例进行控制。在双重控制下,采购经理会自我判断,自我平衡——哪个供应商可以付多少货款,可以拿多少银行承兑汇票。财务部门只要监控他有没有超合同约定付款、有没有异常付款等,就可以了。

第一章 预算理念

预算管理的本质和作用

预算管理实践中存在的问题，绝大部分缘于对预算管理的本质和作用理解不到位，甚至是理解错误，在错误的理念指引下，预算编制和预算执行的方法、操作与正确规范南辕北辙，一步错，步步错！

一、预算管理是管理控制方法，预算是手段，管理是目的

什么是预算管理？一言以蔽之：预算管理是一种管理控制方法，是一种能够将企业内所有关键问题融于一体的管理控制方法。

预算管理能够通盘解决哪些关键问题？如图 1-4 所示。

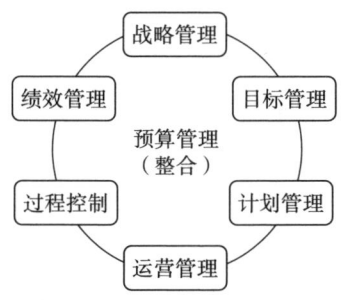

图 1-4　预算管理与企业关键控制点关系图

通过预算整合，跨部门协同，多方联动，把公司的战略管理、目标管理、计划管理、运营管理、过程控制和绩效管理等纳入一个体系，

各关键点相互支撑，齐头并进，系统推进，通盘解决，形成闭环。

全面预算管理涵盖了公司各个职能部门、业务单元、分/子公司，囊括了公司高管、中层、基层所有成员，纳入了事前、事中、事后所有控制。

请问这么重要的一种管理控制方法，难道只是财务人员才应该掌握的吗？预算是财务部门的事情，这是预算管理最大的谬误！

如果公司的董事长、总经理、中高层管理人员未能掌握这种管理控制方法，请问，战略凭什么落地？目标凭什么实现？效率凭什么提升？过程凭什么掌控？绩效凭什么达成？

二、年初制定的预算目标，为什么年底总是完不成

各位思考过没有，为什么年初制定的目标总是完不成？

我问了很多学员，他们的回答出奇地一致：公司给的目标太高了，遥不可及，根本完不成！

大家认为目标完不成，问题在于公司，在于老板——他们好高骛远，下达的目标太不合理了！

也有人说，他们公司比较民主，年初制定的目标也比较务实，但是没想到，人算不如天算，今年的外部环境（包括政策、经济、市场竞争等）和年初的预期相差太远了，原本应该对预算目标进行调整，但是公司借口预算刚性，死死守住年初那个目标不调整，那当然也是完成不了的。

这个说法其实也和前一个一样。目标没有与时俱进，目标本身不合时宜，说到底还是认为目标不合理。

下面介绍一个心智模式，建议大家一定要按此方法调整自己的心态。这会让你受用终生，无论在工作、学习还是生活中。

案例 1-5

我们公司也会给财务部门制定目标，比如降本增效目标。财务部门为企业创造价值是有很大空间的，例如通过税务规划将税负降下来，通过资金管控将利息减下来，通过内部管理将损耗控下来。

去年公司给财务部门制定的降本增效目标是500万元，我们费了九牛二虎之力，终于实现了这一目标。没想到今年给我们的目标竟然变成了5000万元！让我们不由得倒吸一口凉气，这一定是做不到的！

于是我挖空心思找理由找依据，和总经理说："这个目标太高了，一二三四五……"

总经理一听，十分生气："你以为我会随随便便下指标吗？我都是理性的、客观的。我给你讲，这个目标一定是合理的，理由如下，一二三四五……"

这回又轮到我继续找理由，来证明这个目标实在是高得离谱。

我和总经理争得不可开交，总经理受不了了，开始发飙："给你一个目标，你想都不想，做都不做，就脱口而出目标不合理，你自己能力不行，不代表你的财务团队个个都不动脑筋，个个都找不到方法吧？你能不能把目标带回去，发动你的团队围绕目标找方法找措施，让他们养成思考的习惯，提高思考的能力？不要一天到晚只会找理由找借口！"

这样吵来吵去的次数多了，我知道再争执下去，总有一天，总经理非开了我不可。当我意识到这一点的时候，我的心智终于开窍了，心智模式终于调整过来了，总经理永远也骂不着我了。今后总经理无论给我什么目标和要求，我都回复一句话："报告总经理，保证完成任务！"

不过，千万不要到此为止啊，否则，最后难堪的还是你自己。

还是拿这 5000 万元的目标来说吧。我表态保证完成任务，总经理说："很好，然后呢？"我一下子没有反应过来：然后？什么然后？没有然后了。总经理接着说："我很好奇，去年目标是 500 万元，今年加了一个零，你准备如何保证完成任务？"

这会儿又让我难堪了，因为我确实不知道该如何实现这个目标。

所以建议大家在表态保证完成任务后，立即跟进第二句话："但是我评估了一下咱们财务团队的能力，离实现这个目标还有很大的距离。"

然后第三句话一气呵成："不过，请总经理放心，我一定带领财务团队，围绕目标找方法找措施，绝不找理由找借口，让他们养成思考的习惯，提高思考的能力，假以时日，我们一定能找到方法，实现目标。"

三句话连起来就是我要向各位推荐的心智模式：

1. 报告总经理，保证完成任务！
2. 但是我们的能力离实现目标还有很大的距离。
3. 请总经理放心，我们一定群策群力，找方法找措施，不断地提升能力素质。

说完了拿到目标后该如何表态，下面接着分析目标完不成，根源在哪里。

我认为目标完不成，第一个问题是能力问题。我们目前的能力不足以百分之百实现目标，只能保证实现 10%，另外 90% 需要我们不断地思考，找方法找措施，提升个人和团队的能力。

第二个问题是执行问题。我发现有些人喜欢动脑，善于思考，总会提出一些实现目标的方法，但是行动缓慢，不善于动手。他们是"思想的巨人，行动的侏儒"。我们很难指望这类人不折不扣地执行到位，他们执行起来常常是雷声大雨点小，虎头蛇尾甚至有头无尾。

很多企业达不到预定目标，没有意识到这是能力问题和执行问题，注意力应当聚焦于提升能力和过程控制，而不是推卸责任和上移矛盾，比如以财务资金不支持、人员招聘不到位、公司策略不给力、外部环境太严峻等作为借口。

目标完不成，是因为能力和执行出了问题，那么请问如何解决呢？

预算管理，恰恰就能根治这两大问题，或者说，预算管理就是为解决这两个问题而生的。预算管理有两个阶段：预算编制阶段和预算执行阶段（见图1-5）。编制阶段重点解决能力问题，执行阶段着重解决执行问题。

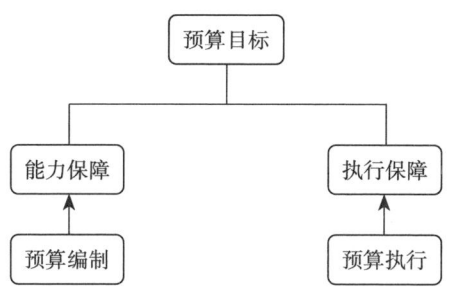

图1-5 预算管理保障目标实现

三、理解目标、计划和预算的关系，掌握预算的精髓

目标、计划、预算的关系，是本书最重要的预算管理理念（见图1-6）。

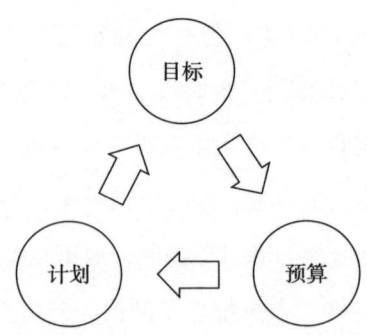

图1-6 目标、计划、预算的关系

我们都知道，做任何事情，首先要定个目标。对公司而言，有中长期的战略目标、年度的经营目标、职能部门的分解目标等。

请问，是不是所有的目标和上年的实际业绩比较起来，都会高出一部分？

一般情况下是这样的吧。今年公司利润10亿元，明年的目标就会定为11亿元、12亿元甚至更高。除非有些特殊情形，可能导致明年的目标比今年的实际利润低。例如明年公司的内、外部环境确实会比今年更加恶劣，或者行业、企业处于衰退期，那就有可能今年实际利润10亿元，明年目标定为9亿元。

特例不具有普遍意义，这里暂且忽略。

有了目标，很自然地就要思考如何实现目标。这就要找方法找措施，思考行动方案，设计业务路径，我们把它称为"计划"。

今年实际利润10亿元，给明年定的目标是12亿元。请问，你的计划跟今年一模一样，10亿元基本上是有保障的，但是多出来的2亿元凭什么能实现呢？指望自然增长量？期待天上掉馅饼？也不是不可能，但概率不大。总之，你必须为多出来的2亿元不断地思考，找方法找措施，创新行动方案。

凡事预则立，不预则废。为实现目标必须做好计划，谋定而后动。计划应当包括三个方面的内容：做什么？如何做？为何做？

计划属于做事的环节，即设计达到目标的业务路径。做事可能就要花钱，需要公司的资源支持，需要多少钱、多大支持，就叫作"预算"。预算属于花钱的环节，即设计达到目标的资源路径。

预算也包括三个方面的思考：如何花钱？花多少钱？还能少吗？

目标不是自动实现的，它需要两条路径的保障：业务路径（计划）和资源路径（预算）。这两条路径不能和上一年做事花钱的方法一模一样，如果都是复制、照搬过去的经验，没有优化、调整、改进、创新，凭什么保证多出来的那个部分能够完成呢？

如果将目标、计划和预算的关系付诸应用，就形成了一种思维模式。其实公司的总经理基本具备这种思维模式。

你回忆一下，总经理是不是这样和你交流的：

"钱总，明年准备给你们部门三大目标（要求、希望）。"这叫"给你目标"。

"我想听听，你们准备如何实现这些目标。"这叫"听你方法"。

如果总经理对你的方法不满意，他一定会让你重新去思考。如果你的方法和之前的一模一样，总经理说不定就会生气了："你的这些方法这么多年毫无改进，更谈不上创新。给你的三大目标，就是让你解决之前存在的三大问题。你继续习惯式做事、经验式花钱，三大目标就会变成三大问题！"

方法终于评审通过了，预算就来了。"需要公司给你哪些支持？"这叫"给你支持"。

目标、计划和预算的思维模式——给你目标，听你方法，给你支持，是不是被总经理运用得炉火纯青？

著名的爱国实业家卢作孚常常将这句话挂在嘴边：无计划勿行动，无预算勿开支。他认为，目标下达以后，企业的核心团队想都没想就开始去做事、花钱，一定是以前怎么做事花钱的，现在照样怎么做事花钱，这就是因循守旧，没有改进，没有优化，没有创新，凭什么实现目标呢？他希望，目标下达以后，大家能够不断地思考如何设计业务路径、如何规划资源路径，养成思考的习惯，提高思考的能力。

华为创始人任正非也常常把一句话挂在嘴边：我们永远强调在思想上艰苦奋斗；思想上艰苦奋斗是勤于动脑，身体上艰苦奋斗只是手脚勤快。他认为人们要不断地思考：能改进吗？能优化吗？能调整吗？能创新吗？他希望华为通过实施预算管理，让人人头上有目标，大家围绕目标不断地思考，找方法找措施，并在付诸实践之后积极跟进。所以你会发现，在华为，员工总能想方设法地实现分解给自己的目标。这是多年预算管理的磨炼让员工们的能力素质不断得以提升的结果。

四、价值1美元的商品如何卖到2美元、20美元、200美元

为了帮助大家真正地掌握目标、计划和预算的关系，理解预算管理的精髓，下面再分享一个案例。

案例1-6

迈克尔生活在贫民窟。他13岁那一年，有一天父亲翻箱倒柜找出一件价值1美元的旧衣服，让他想办法以2美元的价格卖出去。这就

是预算管理的第一步——给你目标。

迈克尔是如何看待这个目标的?"爸爸,这怎么可能?正常人是不会花2美元去买一件只值1美元的旧衣服的。这根本就是做不到的。"

没有经过预算管理的磨炼,迈克尔的思维模式和大多数普通人一样,一看到目标就说目标不合理,意识不到自己是受能力的限制而暂时没找到方法。

这就像销售部门今年实现销售额1亿元,公司给明年的销售额目标定为1.5亿元,销售总监马上盘算一下:照搬今年的做法,明年销售额达到1亿元基本没问题,但是多出来那5000万元不知道如何是好。于是,他马上找理由找依据,证明1.5亿元的目标无论如何也完成不了,目标本身是不合理的。

迈克尔内心对目标是抗拒的,这个时候他父亲的做法值得借鉴,尤其值得公司的董事长和总经理借鉴。如果下属对分解的目标不认同、不理解、不支持,管理者一定要想办法说服他,达成共识,让这个目标走进他的内心,进入他的潜意识。

父亲引导迈克尔:"你从小聪明伶俐,善于动脑,你在这方面的能力比其他小朋友强太多了。所以,你只要开动脑筋,我相信你一定能找到方法把它卖到2美元,我对你充满了信心!"

这叫精神激励。因为家里穷,没有物质上的预算给儿子,只有精神上的预算。那么,目标下达了,精神预算也有了,请问计划在哪儿呢?没有合理有效的行动方案做保障,你千万别指望目标能自动自发地实现。

迈克尔开始找方法了。第一,洗干净。因为他觉得这衣服太脏了,卖相不好啊。第二,熨平整。衣服洗干净后看起来皱巴巴的,迈克尔想把它弄平整。怎么办呢？拿熨斗熨一下？家里很穷，没有熨斗。向邻居借？可住在贫民窟里的邻居也没有熨斗。或许有人说，花 2 美元到洗衣店里去熨一下？我们把这种方法当作笑话看，很多公司却一天到晚都在上演着这种荒诞剧。比如，总经理跟销售副总说："王总，给你部门一个目标，明年销售收入增长 50%！"销售副总回答："报告总经理，保证完成任务。但是，能不能把价格降 10%，再组建销售二部、三部，把业务员的提成增加 2%，最好再多做一些宣传，多投放一些广告……"如果这些需求公司都满足他了，换成财务总监来做销售副总，销售收入也能增长 50% 吧。但是对企业而言，是否有利可图？一给部门分解目标，部门就拼命地用公司的资源来实现目标，最终哪怕目标实现了，企业也没有得到太大的利益。这就叫业务路径可行，资源路径不可行。

迈克尔也明白：要把衣服熨平，还得少花钱，最好不花钱。于是他找到一块平整的石板，把衣服重新打湿，拿刷子在石板上把衣服刷平，就让衣服在石板上摊开晾干，达到平整的效果。

接着就要思考到哪里去卖。迈克尔能想到的就是到人流量大的地方，所以他去地铁站门口卖力吆喝。整整一天，嘴巴说干了，嗓子叫哑了，终于卖了 2 美元。迈克尔十分高兴地回到家里，水都没来得及喝一口，父亲又交给他价值 1 美元的旧衣服，让他想办法以 20 美元的价格卖出去。

迈克尔怎么回答的？"爸爸，不会吧，卖 2 美元我都脱了三层皮，其实也不一定是我卖掉的，是那个老太太看我可怜，给了我 2 美元而已。你现在竟然让我把它卖到 20 美元，这永远也做不到！"

是不是还是一给目标，大家就认为目标高高在上，而意识不到自己受到能力的限制，暂时找不到方法？这时，我们应当把精力集中在

第一章　预算理念

找方法找措施上，而不是一门心思地找理由找借口。

迈克尔才经过一次预算管理的洗礼（卖 2 美元），思维模式还没转变过来。迈克尔的父亲知道，目标从 2 美元变成了 20 美元，说服儿子接受目标的方法不能一成不变，所以，自己在方法上也要不断地调整、改善、创新。

第一个方法仍然管用，即用聪明伶俐、善于动脑继续激励迈克尔。接着，父亲又想出了新的方法来说服儿子接受目标。他说："儿子你看，我们家家徒四壁，吃了上顿就为下顿发愁。如果你能把这件衣服卖成 20 美元，就相当于帮了父母很大的一个忙。"迈克尔听了这话，成就感、使命感、自豪感瞬间被激发出来。

处理这件旧衣服，原来的方法——洗干净、熨平整仍然管用，可是，到人流量大的地方去叫卖还管用吗？迈克尔心想，卖 2 美元问题不大，要卖 20 美元，必须在方法上调整、改进甚至创新。

迈克尔想了很久，也想不到更好的方法。这真是难为他了，毕竟那时他只有 13 岁。这也给了各位董事长、总经理一个启发：下达目标，不能好高骛远，不能脱离实际，因为能力不是在一夜之间突飞猛进的，提升能力是一个循序渐进的过程。

但是，迈克尔的父亲为什么还要给这么高的目标呢？一是推动儿子提升思考能力，二是期待预算管理发挥神奇的力量。他就是要让儿子发自内心地认同目标，让这个目标进入儿子的潜意识。大家可以想象一下这样的场景：迈克尔上课的时候、做作业的时候、玩耍的时候偶尔会闪过一个念头：那件衣服到底该怎么办呢？

回到家里，一见到父亲，迈克尔就会有一丝不安：爸爸布置的任务还没完成。

晚上睡觉的时候，迈克尔也会梦见终于把衣服卖了 20 美元。这就

025

叫日有所思，夜有所梦。

大家应当有过类似的体验吧。你只要很想实现这个目标，并且坚定地认为能够实现这个目标，你就会对外部环境的各种信息非常敏感，一有风吹草动，就会敏锐地紧紧地抓住机遇，发现重大商机，创新行动方案。

有一天，迈克尔在放学路上看到商店的电视里在播放动画片，立即有了灵感：如果在这件旧衣服上画上动画人物的图案，是不是就有可能卖到20美元呢？

请问，这个方法是迈克尔自己想出来的吗？不是，是外部环境的信息刺激让他对目标产生了联想，于是，方法上最大的创新就出现了。这个过程就叫创新行动方案。

如果迈克尔心中没有这个目标，他对外部环境的感知就会变弱。我们常常把这种状态叫作熟视无睹、麻木不仁。同样是看电视，如果只把它作为茶余饭后的谈资，一笑了之，就难以抓住机会。但是迈克尔紧紧地抓住了这个契机，产生了联想创意。

方法上的最大创新出现了，接下来很自然地要思考：怎样才能把图案画上去？你千万不要说，花20美元找个画家来画，因为这又是业务路径可行，资源路径不可行。我们不能拼命地用公司的资源来实现自己的部门目标，也就是不能寄希望于传统的资源驱动或者要素驱动模式。

企业的动力机制，亟待通过预算管理调整过来！我们再看一个"荒诞剧"场景。总经理给生产副总下达目标："李总，明年公司的销售收入要增长50%，你们生产部门千万不要拖销售的后腿，生产产能也要同步提升50%！"李总满脸轻松地回答："报告总经理，保证完成任务！但是，能不能把库存增加5000万元，设备增加500万元，

第一章 预算理念

员工增加50个,仓库增加5个……"请问,李总作为生产专业人士,有没有展示他的智慧、努力和创意?有没有在工艺、工装、工序上动脑筋?有没有在外包、外购、外协上做文章?预算管理,就是要调整企业的动力机制,把不动脑筋的资源驱动转变为不断思考的创新驱动。

迈克尔压根没想过找画家来画,但是他自己又不会画,怎么办呢?他想到表哥正在学画画,于是请表哥帮忙。结果,迈克尔一分钱没花,衣服就被画上了惟妙惟肖的图案。

所以,谁说做事一定要花钱?谁说做事一定要花那么多的钱?如果你做不到,很可能是你还没有找到足够好的方法!公司给你一个目标,你不知如何是好,但是为什么一定要闭门造车,单打独斗?能不能群策群力,借力借势?思维一打开,方法都来了。

图案画好了,这回要思考到哪里去卖了。继续到地铁口去叫卖?当然不行!必须在方法上调整、改进、优化。迈克尔要思考的问题是:如何精准地找到销售对象?他思来想去,认为消费人群首先要对动画人物感兴趣,其次要有一定的支付能力。哪里的人能够同时满足这两个条件呢?贵族学校!

迈克尔想到了这一点,非常兴奋,赶紧到贵族学校门口叫卖。有个小朋友十分喜欢衣服上的图案,便花20美元买下了这件衣服。

迈克尔回家把20美元交给父亲,父亲又递给他一件旧衣服,让他卖到200美元。

这一次,迈克尔是怎么回答的?在预算管理的磨炼下,迈克尔的思维模式、心智模式终于调整过来了。"报告爸爸,保证完成任务;只是我现在暂时还没找到方法把它卖到200美元;请爸爸放心,只要给我时间,我一定能把它卖成200美元的!"

接下来，怎么做？

第一，洗干净；第二，刷平整。然后呢？继续画图案，继续到贵族学校叫卖？沿用以前的方法不做任何改变，卖20美元是有可能的，要卖200美元，迈克尔想都不敢想。一定要在方法上创新才行。

两个月后，预算管理的神奇作用又出现了。

有一名当红的电影明星要为她的电影做宣传推广。这样的一个外部信息被迈克尔敏锐地抓住了，他准备请这名电影明星在衣服上签名。这又是方法上的重大创新。别人没有想到，正是因为他们没有目标。

迈克尔拿着那件旧衣服来到新闻发布会现场，找那位明星签名。签好以后，他问："姐姐，我能不能把它卖掉呀？"电影明星说："衣服是你的，听凭你处置。"之后迈克尔组织了一场竞拍："当红电影明星××小姐亲笔签名的衣服，起拍价200美元。"一位商人出价1200美元，买下了这件衣服。

通过这个案例可知：我们必须调整思维，不为失败找借口，只为成功找方法。只要勤于动脑，办法总是会有的，方法总比困难多。当然，这段非常激励人心的话，需要依靠预算管理这个落地的机制、跟进的平台，否则就会成为空话。

五、空白原则和拉近法则是企业达成目标的法宝

有些企业每年的营收和利润会有所增长，比如增长10%、20%，这叫作线性增长，属于常规发展；而少部分企业的营收和利润却能每年大幅度增长，甚至翻一番、翻几番，这叫作指数型增长，属于超常

第一章 预算理念

规发展。空白原则指导企业实现常规发展，拉近法则帮助企业实现超常规发展。那么，它们在企业实践中具体如何应用呢？

1. 空白原则的应用

公司在制定目标时，应当以空白原则为指导。目标的 70%~80% 沿用以前的方法措施，基本是有保障的；剩余 20%~30% 依靠空白原则，必须在方法上改进、优化、创新，才能实现。

今年完成销售收入 1 亿元，明年目标定为 1.2 亿元。销售人员马上开始盘算了：按照与今年同样的做法，付出同样的努力，完成 1 亿元基本上问题不大，但是要完成多出来的 2000 万元，必须在方法上有相应的调整、改进甚至创新——

- A 客户还有没有销售潜力？
- 对 B 客户要怎样宣传、怎样努力，才能增加成交额？
- 如何从竞争对手那里把 C 客户争取过来？
- 需要研发部门开发、推出哪些新产品？
- 明年的广告、促销活动怎样做才更有效果？
- 传统营销方式是不是可以向互联网、新媒体、自媒体等方式转变？如何转变？
- 我们的产品适合线上销售吗？如果适合，网上店铺又该如何运营？
- ……

现在销售人员所有的注意力都聚焦在这 2000 万元的空白上，不断地思考，充分发掘专业人士的智慧和创意，目标的实现就有保障了。

为什么公司制定的目标，总会比上一年的实际业绩高一点？一是因为公司经营犹如逆水行舟，不进则退，每年业绩原地踏步的话，市场份额就会被竞争对手瓜分殆尽；二是希望空白原则能发挥作用，引导大家养成思考的习惯，提高思考的能力。

2. 拉近法则的应用

如果你非常渴望完成一项目标或任务，就像迈克尔一样，那么在日常工作、生活、学习中，你一定会发现或捕捉到与其相关的有用信息，产生相应的灵感和创意。一件价值1美元的旧衣服，迈克尔把它卖到20美元、200美元，都是拉近法则在发挥作用，都是创新行动方案产生的效果。

如果没有目标和要求，你即使遇上了好的机会也会无从察觉，然后在毫不知情的状态下让这些机会从指缝中溜走。由于对信息的敏感度很低，你即使比别人多接触到一些信息，也往往会与重要的信息失之交臂。

另一种情形是，有预算目标和要求，可是你内心深处抗拒目标，认为目标根本不可能完成，目标没有进入你的潜意识，那么这些有用信息你也根本察觉不到。而到头来果真没有实现目标，你还不认为这是自己的责任，反而认为是目标本身不合理，根本就是没有办法完成的，然后你就会把原因归咎于：产品质量不稳定、交货不及时、价格太高、广告宣传做得不够、提成太低导致业务员没动力等。

在实际工作中，非常有挑战性的目标或者公司想实现超常规发展，必须依靠拉近法则发挥作用。但是很多公司的董事长、总经理不明白这个道理，不知道如何运用拉近法则。

案例 1-7

有一位集团老总,他给子公司下达目标:"徐总,今年完成营收1亿元,明年给你们的目标是3亿元,完成了奖励你个人100万元,完不成你得引咎辞职。"

分析

你觉得徐总会欣然接受这个目标吗?徐总内心肯定是抗拒的,心想3亿元肯定是完不成的,于是开始骑驴找马。年底果真没达到目标,但他倒是顺利找好了下家。

如果这位集团老总能够将空白原则和拉近法则组合运用,结局就会完全不一样。

"徐总,今年完成营收1亿元,明年给你一个底线目标,仍然是1亿元,如果底线目标打八折都完不成,得就地免职,你同意吗?"徐总当场表态:"没问题,保证完成任务!"集团老总接着说:"然后给你一个进取目标,1.2亿元。完不成,不做处罚;一旦完成,按超额利润的20%奖励经营班子,你同意吗?"徐总当然接受。这就是空白原则的运用场景。

"最后再给你一个挑战目标,3亿元。完不成,不做处罚;一旦完成,单独奖励你个人一套500万元的住房,你同意吗?"徐总的积极性完全被调动起来了,第二天就发动整个团队,群策群力,找方法找措施,在拉近法则的驱动下,敏锐地抓住相关信息,与目标产生联想,对行动方案做出重大创新,就有可能实现挑战目标。

六、预算管理的本质：创新行动方案，调整动力机制

通过上面对预算理念的分享，我们知道了，预算管理是一种管理控制方法，能够将企业内所有关键问题通盘解决，最终结果体现在目标实现上。

预算管理是通过两条路径和双重渠道来保障目标实现的。两条路径即业务路径（计划）和资源路径（预算），目标、计划和预算三者的关系是预算管理的精髓；双重渠道即预算编制和预算执行，预算编制阶段重点在于提升能力，预算执行阶段重点在于过程控制。

实施预算管理，能让企业员工能力素质的提升从根本上落地，让大家围绕目标找方法找措施，养成思考的习惯，提高思考的能力。

预算管理的本质就在于：创新行动方案，调整动力机制。引导员工在做事花钱上不能只凭经验主义，一成不变，而是要不断地调整、改进、创新，将创新文化在企业落地。这里的创新文化包括管理创新、研发创新、营销创新，尤其是营销创新，因为现在是智慧营销的时代，大把撒钱的模式已经行不通了。

迈克尔的案例很好地诠释了创新行动方案的重大意义。下面我们再用一个案例让大家体会一下，调整（创新）动力机制的非凡效果。

案例 1-8

"老乡鸡"总部在合肥，全国有1000多家门店，号称"中国快餐行业第一品牌"。

2020年发生新冠疫情，所有门店不能正常营业，对于当时就有1万多名员工的老乡鸡而言，经营举步维艰。尽管如此，他们公司仍然

坚定地规划上市。但是在没有门店的区域，大家对老乡鸡知之甚少，为了提升品牌知名度和美誉度，他们决定投放广告进行宣传。营销团队为此花了一个月的时间精心策划了一个品牌宣传方案，董事长看过之后对方案非常不满意，当场撂下一句话："砍掉一个零，重新做方案，达到比原方案更好的效果！"

原来那个方案大约要1.2亿元的预算，老板的意思是用1200万元做出比1.2亿元更好的效果。这在很多人看来是天方夜谭，如果营销团队脑洞不大开，方法不创新，肯定是做不到的。

对此，董事长是这么说的："你们那个方案，10年之前就是这么做的，完全是习惯思维、因循守旧，根本没有与时俱进、改进创新，花钱又多，效果又差！你们的方案就是传统的线下宣传推广，现在新媒体、自媒体、社交媒体如火如荼，能不能换一种方式？就算效果不好，我也愿意为你们的尝试、创新买单。"

很多企业都有类似的毛病。一说做宣传做推广，首先想到的方法要么是刷地铁、刷公交、刷站牌，唯一的变化就是以前在合肥投放广告，今年投放到杭州罢了；要么是找影视明星代言，唯一的变化只是换个明星而已。

面对营销团队的迟疑，董事长说："你们不会，没关系。一个人不会，不代表你的团队都不会，更不代表整个老乡鸡都不会，可以群策群力、集思广益嘛。就算我们都不会，也可以在全国乃至全球范围内借力借势、整合资源嘛！"

后来他们请了上海一家著名的咨询公司，一起策划了一场叫作"2020老乡鸡战略发布会"的品宣活动。他们布置了一个充满乡土气息的简陋会场，拍摄了一个短视频，在视频中正式公布老乡鸡新一年发展战略及"干净卫生"全面升级战略，并向全国发布店面寻租需求，然后将这一视频通过新媒体、自媒体和社交媒体进行全渠道传播。

令人惊叹的是，短短两个月时间，这个视频的点击量竟然突破了8亿人次！这简直创造了中国短视频营销的奇迹。最终他们花了2000多万元的营销费用，虽然没有"砍掉一个零"，但是和原来1.2亿元的方案相比，不仅节省了将近1亿元，而且效果好太多了！

这就体现了预算管理的本质：创新行动方案，调整动力机制。不要不动脑筋，只会一门心思地投入公司的资源来实现你的部门目标，一定要体现专业人士、专业团队的努力、智慧和创意。否则，一给目标，你只是一味地要厂房、要设备、要人员、要费用……请问，你的能力素质凭什么提升呢？公司的利润目标凭什么实现呢？

领悟了预算管理的本质，我们如何在企业实践中加以应用呢？建议大家做事、花钱之前问三个问题：

- 还有没有其他方法，可以让我们把营收做大？（创新行动方案）
- 还有没有其他方式，可以让我们花更少的钱？（调整动力机制）
- 对习惯性做法，如何调整、改进、优化、创新？（提升能力素质）

预算上接战略，下接绩效

一、预算要从战略开始

2022年初，我给深圳一家上市公司做预算管理的内训。课间休息的时候与董事长交流，董事长说他们公司2021—2023年的三年战略规划是销售收入翻一番，从10亿元做到20亿元；公司2020年营收10亿元，2021年实际完成11亿元，2022年营收目标计划定为12亿元。

我问董事长，2023年计划营收做到多少？20亿元吗？三年战略规划中第一年11亿元，第二年12亿元，第三年突然跳跃至20亿元，请问凭什么？董事长一下子就被问住了。

预算如果不是从战略开始，战略就缺失了落地的路径。在实践中，太多公司的战略规划最终变成战略"鬼话"。这样的预算，就失去了承接战略的功能，不能解读战略，也不能传导战略，更不能执行战略。

所以，预算管理的第一步就是战略规划。一年一度的预算编制工作启动之前，首先以战略研讨会的形式做一次战略梳理，以战略目标为起点，分解为年度预算目标，在此基础上编制预算和执行预算。

案例 1-9

一家公司希望对员工培训进行投资，公司在编制培训预算时面临两种选择：一个是全面质量管理（TQM）培训项目，另一个是客户关系管理（CRM）培训项目。请问投资哪一个项目可以创造更大价值？

分析

应该选全面质量管理还是客户关系管理？如果不结合公司的战略，这项预算资源的投入可能就会出现方向性错误。

公司一般有三类战略：成本领先战略，如富士康、麦当劳、丰田等企业；产品领先战略，如苹果、奔驰、英特尔等公司；客户优先战略，如华为、IBM、高盛等。如果不结合公司战略，如富士康选择向客户关系管理投入培训经费，而放弃了全面质量管理，那就是方向错误。

预算一定要从战略开始，预算资源的配置要尽可能地做到与公司战略无缝联结。这里给大家分享一下我们的经验。

企业的预算资源本身是非常有限的，必须想办法配置好。我们把企业的经营能力分为四种：差异化能力、必备能力、基本能力和多余能力。它们在资源投入的策略上大有讲究。

差异化能力：有别于其他任何一家企业，能够带来可持续竞争优势的独特能力，例如独特的产品创新和设计、高端的品牌建设、独到的消费者群体细分等。这些方面的资源投入是企业优先要保障的，是就算借钱也要投入的。这里要注意两点：一是集中投放公司各项资源，二是重点关注质量、创新和效率。

必备能力：企业正常运营，在行业内开展竞争所必需的能力，如物流、采购、生产、研发、信息系统等。在必备能力的投入上，一是注意提升效率并削减成本；二是保持"足够好"即可，不必追求极致。

基本能力：开展业务、持续经营的保障能力，如财务报税、物业及设施维护、能耗管理等。在基本能力的投入上，要注意控制成本，提升效率，也可以选择外包。

多余能力：不能对企业战略起到支撑作用的过往投资，如过多的评估、过时的监管、冗长的流程等。对于多余能力，要求逐个清理并考虑取消，保留的项目则能省则省，适当降低服务水准。

有些企业从战略承接的角度，将预算项目分为战略性项目、政策性项目、一般性项目和重点关注项目。战略性项目基本等同于企业具备的差异化能力，应该集中投放资源；政策性项目属于当年重点投入项目；一般性项目要求重点评估投入产出效率；重点关注项目就是当年需要重点挖潜和控制投入的项目。

二、预算管理保障战略规划落地

很多公司的战略在规划层面做得不错，但是因为缺乏落地的路径，在执行层面不能落地。预算管理能够很好地解决这个问题，保障战略的执行。

公司战略涉及财务目标、客户价值、内部流程、学习与成长四个方面，要推动战略落地，需要思考四个问题。

第一个问题：为什么公司的财务目标可以实现？公司战略首先会分解为一年一度的经营目标，经营目标常常以财务目标的形式体现，因为它可以量化，方便统计，比如它可以体现为应收、利润、现金流、投资回报率等指标。针对这个问题，任何行业、任何企业的答案几乎都是一致的：必须让客户满意。如何让客户满意？价格低一点、质量高一点、交期短一点、服务好一点，这是我们的产品或服务的四大属性。

第二个问题：如何做到让客户满意？企业必须想方设法降低价格、提高质量、缩短交期、提升服务，这就要求企业必须改善内部运作流程。比如价格偏高，就必须加强与成本有关的分析、管理与控制，改进成本作业流程。

第三个问题：如何改善内部运作流程？内部运作流程的改善取决于员工和团队能力素质的提升。如果找不到方法降低成本、稳定质量，仍然依靠习惯思维，那么改善业务流程只能是一句空话。

第四个问题：如何提升能力素质？实施预算管理。企业要通过预算管理，让大家养成思考的习惯，提高思考的能力，创新行动方案，调整动力机制。

由此可见，预算管理是战略落地最关键的环节。预算管理引导员工勤于思考，一方面提升自身的能力素质，一方面找到方法改进业务流程，在四大属性上让客户满意，从而实现财务目标，战略落地水到渠成。这就是战略落地的底层逻辑。

三、预算管理促进绩效目标实现

绩效目标的达成主要取决于两个因素。

一是意愿问题。他很想把这件事情做好了，与他对这个目标根本无动于衷，两者的结果大相径庭。绩效管理可以很好地解决意愿问题，让他既有动力也有压力去完成目标。

二是能力问题。给他一个5亿元的目标，但是他目前的能力只足以支撑他完成1亿元，就算再有意愿也是难为他了。对于能力问题，绩效管理就显得心有余而力不足了，预算管理恰恰能很好地解决能力问题。这主要在预算编制阶段加以解决，而且通过预算执行阶段的过程控制和能力迭代，结合绩效管理解决意愿问题，也能促进和保障绩效目标的实现。

下面通过一个案例，分析如何让公司的培训预算上接战略，下接绩效。

案例 1-10

曾经有一位人力资源总监告诉我，他们公司每年在培训预算上要花几百万元甚至上千万元采购大量课程，什么流行上什么，以至于现在都不知道该上什么课了，但员工的能力似乎并没有明显提高，培训就是一个无底洞。

他还举了一个例子说明他们公司的培训困惑：

公司上半年销售业绩不佳，总经理问销售总监是什么原因，销售总监解释说是人员能力不够，培训没跟上。于是总经理要求人力资源总监狠抓培训工作。培训部门马上去问销售总监他们需要哪些课程。销售总监本来就是拿培训当借口的，根本没细想要什么课程，就随便说了沟通技巧、阳光心态、拜访技巧之类自己熟悉的课程名字。

然后，培训部门开始认真组织培训，生怕销售部门不满意，就找了市面上最好、最贵的老师来讲。销售部门的员工报名时很积极，有100多人报名，可是培训那天只有20多人到场。

培训经理问销售总监怎么回事，销售总监说："你们这些搞培训的，真是站着说话不腰疼，也不看看现在是什么季节，销售员都在外面忙着签合同收货款呢，哪还顾得上什么培训？"

如果你是培训工作的负责人，听完这番话是不是也会非常恼火？

通常公司内部年度培训计划是如何出台的？一般是培训部门发一个通知并附一张表格，要求各业务部门提出当年的培训需求，一个星期内回复。如果你是业务部门经理，你会认真填写这张表吗？通常不会。会胡乱填完交差吗？一般会的，因为人力资源部门同时掌握着经理的晋升和薪资，不能得罪。所以，你可能会交代助手去填。于是助手根据自己的有限经验开始应付，把沟通技巧、阳光心态、七个习惯之类的需求填上。培训部门以为这是各职能部门的真实需求，就照单抓药，请一批名师轮番上阵。这样做培训，效果可想而知。

如果一家企业的年度培训计划是这样产生的，毫无疑问，这些培训预算上不接战略，下不接绩效。那问题该怎么解决呢？

一个行之有效的办法就是培训部门和业务部门一起研讨，形成培训计划。培训计划不是填一张表格就行，而是需要一个沟通、形成的过程。如果培训部门能跟业务部门一起，解读业务部门的年度业务计划，分析年度重要策略和重点工作有哪些，根据业务部门的机遇和风险、优势和劣势，以及团队能力提升计划，来判断哪些能力需要引进，哪些能力需要培训，需要引进什么课程，需要自主开发哪些课程，由此形成年度培训计划，那么培训的效果就会大有提升。

因为跟公司战略和业务计划有紧密的衔接关系，我们有理由相信，这样产生的培训计划跟公司战略、目标、计划是一脉相承的。

比如，这家公司今年刚开始实行预算管理，要求销售部门准确把握市场动态和趋势，制定相对准确的销售预算，作为生产和采购的起点和基础。大家都认为业务人员在这方面的能力十分薄弱，希望尽快安排相关培训，由此形成的培训预算就能上接战略，下接绩效。

第二章

预算组织

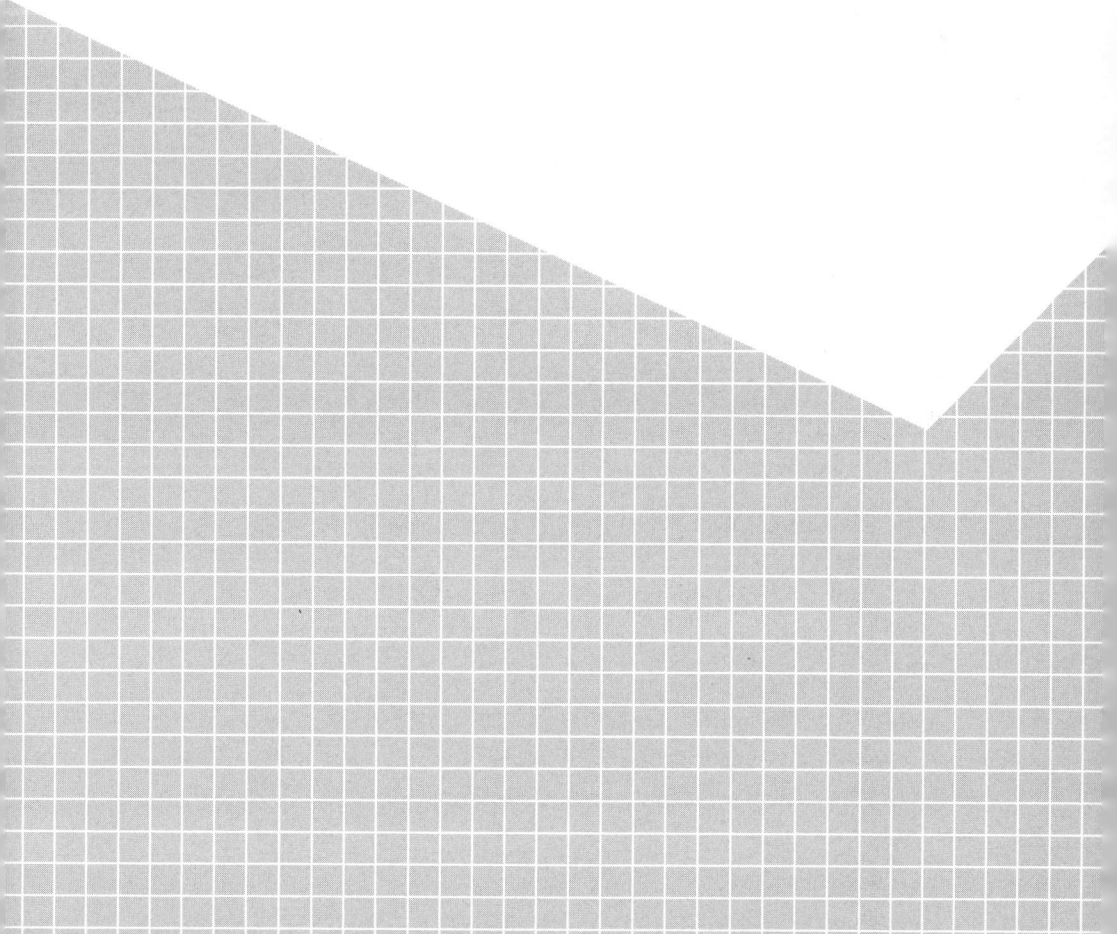

第二章

染色体畸变

第二章 预算组织

预算组织如何定位

一、预算管理为何成为数字游戏

很多企业实施全面预算管理多年，也没有取得什么实质性的效果，因为他们的预算管理没有走出财务部门的大门，做成了财务部门自娱自乐的数字游戏。

案例 2-1

某公司财务部门的李经理向总经理汇报，近期的费用有点失控，浪费现象严重，建议通过下发制度和实施预算管理来控制公司的成本费用。总经理很赞同李经理的建议，并授权他全权负责此事。于是，李经理没日没夜拼命地干。在他的领导下，财务部门很快出台了一系列管理制度，并下达了各部门的费用预算，然后开始执行。没想到才过几天公司就怨声载道，投诉告状纷至沓来，财务部门顿时成为众矢之的。总经理对此非常生气，把李经理叫到办公室一顿臭骂。李经理一肚子委屈和恼火，搞不明白自己到底错在哪里。

财务负责人通过会计报表分析，发现企业存在这样或那样的问题，有时候会提出自己的建议和意见。总经理觉得有道理的话，一般会让财务部门想办法去解决这个问题。谁发现问题，谁负责解决问题，这让很多财务负责人感到很无奈。他们心里憋屈：这个问题是业务部门造成的，解决问题的职责应该是业务部门的，总经理这样瞎指挥，今后谁还敢主动提建议？

在此，我建议各位，在这个问题上心态一定要放开，不要纠结这是谁的职责。因为这是你介入业务、了解业务的好机会，也是你向总经理展示才能的好机会，当然也是你为企业创造价值的好机会。

那么，李经理的问题到底出在哪里？

第一个问题：财务部门加班加点，闭门造车地出台一系列成本费用管理办法，并马上付诸实施。这个过程中有一个关键环节缺失了——将制度草案广泛征求意见和建议后报总经理审批。

第二个问题：财务部门想当然地帮各个职能部门把费用预算都做好了。请问，你知道销售部门接下来在市场推广、渠道建设、品牌宣传、内部管理、团队激励方面将要做哪些事情，要花多少钱，这些钱如何花，钱花出去了销售业绩如何保证吗？你不知道，你只知道参考历史数据，不问青红皂白砍一刀。比如，之前销售部门每月平均差旅费50万元，现在要控制费用了，你就把它砍到40万元，可实际情况是，销售部门40万元花完了，业务人员只能躺在家里睡大觉，因为没钱出差了。财务部门是没有能力代替各个职能部门做预算的，也没有这个义务。否则，财务部门就是在用预算卡业务部门的脖子了。

第三个问题：总经理和财务经理都认为预算管理是控制成本费用的工具，这种理解不能算错，但是仅仅这样看待预算管理就有失偏颇，这样的预算管理层次太低了。预算管理确实在成本费用控制上有显著的效果，但是实施全面预算管理能大幅度地降低成本费用，不是靠抠费用，不是做守财奴，而是要求投入产出效率最大化，要求企业各级经营管理者提升能力，围绕目标找到更加合理有效的业务路径和资源路径。

二、成功的预算组织模式是什么

预算管理的本质是通过管控企业资源的投放，引导或驱动各个部门进行创新（技术创新、管理创新、营销创新），找到更加合理有效的做事方法和花钱方式，保障企业目标顺利实现。那么，谁来管控企业资源的投放呢？其实就是谁来管钱的问题。企业里有两个人适合管钱：企业负责人（CEO）、财务负责人（CFO）。在预算管理组织模式的构建上，我有两个建议。

第一个建议是，企业负责人挂帅，财务负责人操盘；企业负责人是预算管理第一责任人，财务负责人是预算管理第二责任人。

第二个建议是，高层全力支持，中层主动配合，基层积极参与。很多企业在预算组织模式上也是这么做的，怎么就没有效果呢？这些企业做的只是表现形式而已，把它写进制度了，也挂上墙头了，但是思想里谁都没把它当回事。

比如召开一季度预算分析会，总经理本来不打算参加这个会议，因为他已经将预算管理相关的工作全部授权给财务总监了，后来在财务总监的百般恳求下，总经理终于参会了。会议才开了10分钟，总经理就按捺不住了，对财务总监说："来了几个重要合作伙伴，我要去接待一下。这个预算分析会很重要，我全权授权给你，你放心大胆地干吧，我先走一步。"总经理一走，其他高层和中层也都蠢蠢欲动。结果会议议程还没过半，一半的中高管已经不见了，剩下的大多数基层人员碍于财务总监的威严，想走而不敢走。

造成这种局面,有两个人责无旁贷,一个是财务总监,另一个是总经理。财务总监对上交流,很多时候都缺乏那个"胆",害怕与总经理沟通。有时候好不容易鼓起勇气去找总经理,结果发现自己没有引导能力,很难说服总经理接受自己的意见或建议。

财务总监想去寻求总经理在预算管理上的支持,一些总经理却认为已经全权授权给财务总监,他还一天到晚找自己,是不是能力不行;另一些总经理不太懂预算管理,他们本意是想支持财务总监,可是常常瞎指挥,以实际行动拆预算管理的台,这也进一步导致财务总监不敢找总经理寻求支持。长此以往,财务总监就把工作重心放在如何让中层配合、让基层参与上,本末倒置了。

其实只要高层发自内心地全力支持,中层主动配合,基层积极参与,预算管理也就不成问题了。所以,预算管理一定是一把手工程。

第二章 预算组织

一把手工程是核心

据说，有一个企业家封顶理论——企业能够做多大，取决于企业家本身的境界和抱负。我们在这里不去考证这一说法的出处，我们要表达的意思是：全面预算管理在企业能发挥多大作用，取决于企业家本人对预算管理的理解和运用，而不是受制于企业当前的经营管理水平。只要企业家能正确理解预算管理的理念和原理，实行预算管理以后，企业整体的经营管理能力和素质每年都能稳步地上台阶，企业战略和组织目标的实现就有了桥梁衔接、能力保障和过程控制。

因此，坦率地说，预算管理真的是一把手工程，总经理必须成为预算理念的行家，必须亲自把控预算的关键控制节点。总经理如果领会不到这一点的话，预算管理基本上就面临失败的命运。反之，如果总经理能真正承担起预算管理一把手的职责，在公司内推行预算管理几乎都能取得成功，公司的经营管理必定会有质的突破。

一、一把手工程的必要性

预算管理是能把公司内所有关键问题通盘解决的管理控制方法。它把公司的战略管理、目标管理、计划管理、运营管理、过程控制和绩效管理全部纳入一个体系，相当于将木桶的每块木板齐头并进地提升。否则，公司推战略管理，就被其他短板制约；公司推绩效管理，就受到能力瓶颈和过程短板牵制……各个环节相互牵制、相互制约，而不是环环相扣、互相支撑，最终难免落入"头痛医头，脚痛医脚"的管理陷阱，因为：

- 长期战略规划需要转化为年度经营目标来落地；
- 年度经营目标需要依靠具体的行动方案来实现；
- 行动方案的执行需要公司高效配置资源来保障；
- 所有业务事项和资源配置都需要经过过程控制；
- 绩效管理需要经营管理者能力提升和过程纠偏。

请问，这么重要且复杂的管理体系，应当谁来负责？难不成让财务人员负责？显然，财务人员既不应该承担这一责任，往往也没有这个能力。

实行预算管理，有一个基本框架：先确定预算目标，接着编制预算，然后执行预算，最后对结果做绩效评估。预算目标一定要承接公司战略，与绩效评估和人力资源部门的绩效管理紧密衔接，中间打通公司的整个运营过程，包括产、供、销、人、财、物等环节。用一句话表示：预算管理上接战略，下接绩效，在中间整合运营（见图2-1）。

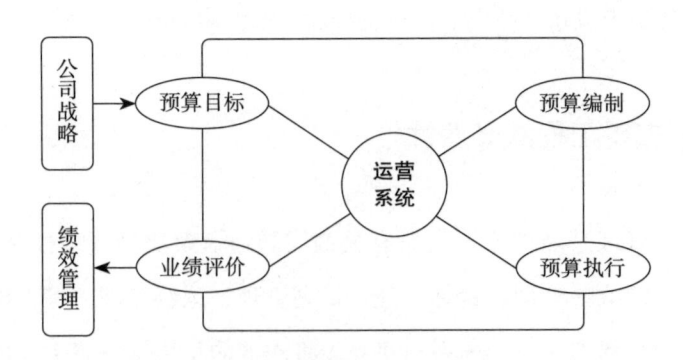

图2-1 预算管理的基本框架

要运作好这一管理体系，着实不易。因为数字背后装着的是整个公司的战略、运营及绩效，一旦缺少对战略的承接、对业务的了解、对管理的认知、对沟通的把握、对过程的控制、对绩效的评价，预算往往会沦为一场数字游戏。

在这个体系当中，财务人员记账、算账、报账的技能无从发挥，而其对战略、管理、运营、业务、产品、绩效、沟通的不了解、不熟悉、不擅长，这些短板全部暴露无遗。所以，推行预算管理，总经理应当是第一责任人。

二、一把手不懂预算管理的危害

30多年的企业一线管理经验告诉我们，企业一把手如果不懂预算管理，在企业经营管理实践中常常不得其法甚至瞎指挥，危害非常大。

案例2-2

某公司实行预算管理已经5年了，今年年初换了一位总经理。10月份预算编制工作启动的时候，总经理对财务经理说："李经理，明年的预算我看还是财务部门自己弄一下好了，一是年底各部门都比较忙；二是他们不会编，交上来的东西都不靠谱。"

总经理为什么会这么说？预算管理本质是一种逼迫机制，在有限的资源约束下，好的方法、好的创意其实都是预算管理逼出来的。这家公司实行预算管理5年了，业务部门觉得压力很大，现在好不容易换了一位新的总经理，于是各个部门负责人抓住时机，不断地向新任总经理抱怨：公司的预算管理劳民伤财，不如不搞，况且总是在年底最忙的时候来做预算；预算不就是财务部门的事情嘛，财务部门自己搞搞不就得了，不然各部门都没时间去忙自己的本职工作，年初下达的目标也没办法完成……新任总经理听了觉得很有道理，所以才会这么要求财务。

总经理说的这两个理由对还是不对？你如何看待这一问题？

分析

年底各部门都比较忙，确实如此，尤其是销售部门忙着开发客户、争抢订单、催收货款，全力冲刺全年的目标任务，忙得不亦乐乎。他们不会编预算，这也是当然的：你要销售部门编预算，他们差旅费今年发生30万元，乘以1.5的系数，差旅费预算45万元；招待费实际发生50万元，那就先报100万元的预算，为讨价还价预留筹码……这样编出来的预算有什么用？还不如不编呢！所以他们不会编，也是对的。

由此看来，总经理说的这两个理由十分正确。但是，其解决方案非常荒谬。

销售部门本年度实际完成1亿元的营收，下一年度预期目标1.5亿元。销售部门自己都不知道多出来的5000万元该怎么完成，结果让财务部门给他们编预算，请问，财务部门准备给销售部门多少广告投入？财务只能参考历史数据，实际发生广告费用2000万元，再看看预期营收增长50%，那就同比例增长吧，广告费预算3000万元就这么出来了。销售经理马上找上门来："为什么广告费预算只有3000万元？你们财务部门对公司业务一窍不通、闭门造车！我们销售部门下一年度的营收要增长50%，主要依靠新产品、新市场的增量创造收入，广告费别说3000万元了，5000万元也是不够的！"

财务经理刚被销售经理撑了一通，紧接着又被总经理叫去训了一顿："为什么广告费预算要增长 50%？我们实行预算管理的目的就是希望大家能够创新行动方案、调整动力机制。我要求收入最大化的同时费用最小化，这样才能体现销售专业人士的智慧、努力和创意。财务部门在这方面应当加强引导、督导，而不是一味地迁就、纵容业务部门！"

这时的财务经理像不像风箱里的老鼠，两头受气？财务部门常常被夹在中间，里外不是人，这其实就是总经理瞎指挥造成的被动局面。不懂预算管理的总经理不经意的一次瞎指挥，预算就会变回财务部门的数字游戏。

上面的财务经理两头受气的场景在很多企业真实地上演着。总经理如果不懂预算管理，常常会不知不觉地陷入瞎指挥的泥潭，在决策上、行动上拆预算管理的台，尽管他内心是真想搞好预算管理，可是因为不知道预算管理的理念、作用和机制，不知道如何培育土壤、克服障碍，没掌握预算管理的方法，他反而成为预算管理产生实效的绊脚石。

懂预算管理的总经理指挥起来就会头头是道："大家都很忙，这是事实，但是不能瞎忙。为了实现目标，大家必须不停地思考，在做事花钱上，不断地调整、改进、创新。编制预算，既是你们的职责，也是要锻炼你们的能力。至于不会编的、可能会瞎编的，我会让财务出一套编制规则、预算表单，并对你们进行培训，最终还要组织预算答辩。"

案例 2-3

有朋友反映，他们公司实行预算管理多年了，但效果都不尽如人

意。他举例说，每次销售部门预算不够的时候，销售副总就直接向总经理汇报，然后总经理通知财务部门调整预算。财务经理要求销售部门填写预算调整申请单，销售副总以总经理已经同意为由拒绝填报。财务经理因缺乏调整手续而予以搁置，销售副总为此向总经理告状，财务经理被总经理一顿训斥。

我问这位朋友，他们公司的财务经理接下来是怎么办的，他说，财务经理很委屈也很恼火，但也只能默默地记录一笔：×年×月×日，总经理要求财务部门为销售部门调增广告费预算200万元，销售部门拒绝提供书面依据，故立此为据。

分析

这又是一个总经理不懂预算管理而瞎指挥的典型案例。假设这位总经理对预算管理略知一二，管理方式和管理效果就会有天壤之别。

"李总，广告费预算调整这件事情，你和财务部门商量过没有？如果你现在只是跟我打声招呼，那没有关系，但你现在若是要解决这个问题，那请你按公司流程走。你可以越级申诉，但我决不能越级审批。我建议你按照预算调整程序，填制预算调整申请单，先报财务审核，再报我这里审批。预算调整申请单上，你必须按要求说明原因——外部环境是如何变化的；外部环境的变化是如何影响销售部门业务的；如果本次预算不调整，销售部门的目标是不是就很难完成；等等。我们会根据你的理由和依据来判断是否调增广告费预算，以及调增多少。同时，我们还要进一步判断：你们当初编制的广告费预算为什么不够，产生的差异是主观原因导致的，还是客观环境变化所致的。如果是你们在预算编制阶段主观上有问题，还需要对你们部门的预算编制质量追究责任。这次追加广告费预算以后，你要对你承诺的销售收入增长目标负责，我会让财务部门跟进这件事情。当然，如果我们判断本次广告费预算调整是你们及时捕捉外部环境变化，灵活变通地做出的预算应对方案，公司会对这种市场反应、业务行为进行鼓励和奖励。"

此外，案例中的财务经理有一个很大的问题，这也是财务人员常犯的典型错误：因为和业务部门有不同意见，所以让事情搁置。财务经理应当主动找总经理，积极寻求总经理的资源支持，而不是消极被动地坐等业务部门向总经理告状，把本该争取的总经理推向业务部门，在预算管理上失去了总经理这个坚强的后盾。

上述两个案例展示了总经理不懂预算管理带来的危害。下面我们再来看看懂预算管理的总经理是如何给企业的经营管理带来正能量的。

案例 2-4

某公司准备 10 月启动明年的预算编制工作。该公司总经理认为，预算编制阶段的谋划工作对完成下一年度的公司战略目标和部门分解目标至关重要，而关键的控制节点在于预算答辩。预算启动会上，总经理强调："每一家分/子公司、每一个业务单元和每一个职能部门的负责人有三次预算答辩机会，若三次都没有通过，负责人就地免职。"

我在全国各地讲预算管理这门课程的时候，都会向学员推荐这种控制预算编制质量的方法，深受学员欢迎。但是有一次，一个学员举手提问："老师，你说的这种方法没有代表性，至少在我们公司是没有用的。"

于是我请这位学员说一说，为什么这种方法在他们公司行不通。他说："我们公司是一家民营公司，总经理持股 60%，销售副总持股

40%。销售副总和总经理是多年的朋友，他们一起经营这家公司20多年了，你说总经理会不会因为销售副总预算做不好而把他开除？我们公司的研发总监是通过猎头公司刚刚聘过来的，年薪上百万元是其次，关键是这种技术人才可遇不可求，总经理一定舍不得开除他吧？我们公司的采购总监也是不能换的，因为他是总经理的小舅子。"还真是一个都不能动，一个都不能少啊！这个学员说得没错，只是我要提醒一点：不要低估了总经理的智慧。

请看我们公司的总经理在这件事情上是如何处理的。有一年，在公司召开预算答辩会的前夕，总经理让我把参加答辩会的名单报给他一份，同时把答辩人员前两年的答辩资料都附上。几天后总经理让我去他办公室，他在一家子公司的质量管理部部长的姓名上画了一个圈，说让他第一个进行答辩。答辩会上，这位质量管理部部长一说完，总经理就开始发问："小伙子，你发言的时候，我仔细对比了你前年、去年和今年的答辩资料，你除了把年份更改一下，其他内容几乎一字不变。难怪几年下来，废次品率一直维持在5%的高位，凭什么让我相信你公司明年的废次品率能达到我们提出的0.5%的目标？"这个部长顿时面红耳赤。

总经理接着往下说："今天是你的第一次答辩，很遗憾，你未能通过。我给你15天的时间准备第二次答辩，我甚至可以为你让咱们整个集团公司的预算进程往后延迟15天。在座的各位听仔细了，我认为像刚才这位小伙子一样对预算编制和预算答辩敷衍了事、心存侥幸的还大有人在，我丑话说在前头，在座各位都有三次答辩机会，如果三次都未能通过，无论是谁，一视同仁，一律免职！散会！"

还没等大家反应过来，总经理已经起身离去，留下大家面面相觑。总经理这一招叫作"杀鸡儆猴"，效果立竿见影。接下来的半个月，我成了整个集团公司最忙的人,各分/子公司、业务单元和职能部门的负责人都拿着他们的预算答辩材料让我先评估,他们再修改,以免被总经理否决掉。

所以,我们绝不能低估总经理的能力。只要能够抓住预算编制质量的关键控制点,总经理都会根据自己企业的具体情形灵活变通,有策略地做到妥当操作。

我曾经把这个案例分享给我们的一家咨询客户,对方的总经理马上活学活用。他对财务总监说:"预算启动会由你来主持,我说完一句话就走人。"预算启动会开始了,总经理发言:"各位,今天的会议和我的日程安排有冲突,我不能全程参加了,我只强调两点——第一,每一家分/子公司、每一个业务单元、每一个职能部门的负责人,有三次预算答辩机会,三次答辩通不过的一律就地免职;第二,你们如果觉得很有信心通过答辩,可以选择不参加会议而跟我一起走人,如果还是有那么点担心的,那就请坐下来仔细听。"

虽然只是短短几句话,但是预算启动会的效果非常好。如果总经理没有这个动作呢?预算启动会上他连影子都没出现呢?大家立刻明白,原来董事长、总经理对预算的重视只是说说而已。预算启动会开始没多久,销售副总就准备走了:"钱总不好意思,刚接了个电话,我们最大的客户因为质量问题投诉,我必须赶紧去处理,否则这个大客户就要流失了!但请钱总放心,我的秘书留下,他办事我放心。"销售副总一走,生产副总就坐不住了:"对不起钱总,刚接到电话,车间有人打架了,我得赶紧回去处理突发事件,不过秘书会留下好好听的。"……最后预算启动会上仅剩下财务人员和一批秘书,这样的预算启动会还有意义吗?

大部分企业的总经理对预算管理都比较陌生，总以为这是财务部门的事情，这个谬误如果不纠正过来，预算管理就发挥不了实质性的作用。我们希望财务伙伴能够用上述三个案例说服总经理出面担当预算管理一把手，并搞懂预算管理；也希望企业家朋友通过三个案例明白自己必须担当预算管理一把手的道理。

三、一把手工程的可行性、操作性

上面和大家分享了预算管理一把手工程的必要性和一把手不懂预算管理的危害，但很多总经理还是不以为意，认为自己没有那么多时间、精力去负责这个一把手工程。所以，财务负责人引导总经理的时候，一定要谋定而后动，有策略地采取迂回行动。

记得当初我和总经理一说到这个话题，他就气不打一处来："钱总，打住！我授权你在咱们公司推预算管理，今天你跟我说预算管理是一把手工程。我告诉你，之前战略总监也跟我提起过，公司战略管理是一把手工程；人力资源总监也曾经强调，薪酬与绩效管理是一把手工程；信息总监还专门和我探讨过，企业上ERP系统一定是一把手工程……我让你们负责推进一个项目，你们都说这是一把手工程。睁大你的双眼仔细看看，我有没有长着三头六臂？我没有三头六臂，但是好歹有你们这些左膀右臂吧？难道你们一个个都是脓包？你的意思是到了年底，预算管理没达到预期效果，这个锅你准备让我来背吗？"

预算管理当然是一把手工程，但是总经理误认为财务总监在推卸责任。我立即调整与总经理的交流思路："总经理，刚才我一着急，词不达意，对不起。无论预算管理有多少具体事情要做，300件还是500件，都由我们财务部门来组织、推进、协调、跟进，您只需要在预算管理上做三件事情，您看这样可以吧？"

这下，总经理态度缓和下来了："这当然可以。你一开始就说预算管理上我只需做三件事情不就很好吗？一定要说预算管理是一把手工程，这不是找骂吗？"

总经理担任预算管理一把手，不需要事事都亲力亲为，只要做好三件事情：

① 成为预算理念的行家；

② 担任预算答辩的考官；

③ 担任预算分析考评的考官。

前面提过，预算管理分成两个阶段：预算编制阶段和预算执行阶段。

预算编制阶段要达到的目的：下达目标，在目标的驱动下，引导大家不断思考，如何更有效果地做事，如何更有效率地花钱，也就是创新行动方案，调整动力机制，提升能力素质。这一阶段需要设置一个关键控制点——预算答辩会，来解决能力问题，以保障预算编制的质量，达到预算编制的目的。

预算执行阶段需要达到的目的：解决执行问题，强化预算执行过程控制，分析预算差异原因，找出纠偏措施，跟进改进到位，评价预算绩效。这一阶段的重要保障措施是预算分析会和预算考评会，建议把二者合为预算分析考评会，这就是另一个关键控制点。

让总经理担任预算答辩的考官和预算分析考评的考官，一般情况下财务总监基本上能做通总经理的工作，但是要让总经理成为预算理念的行家就不是一件容易的事情。如果总经理不懂预算管理，一是他和财务总监交流预算管理的话题，就会各说各话，两人没有共同语言，很难达成共识；二是他会经常不由自主地瞎指挥，好心办坏事；三是他作为预算编制和预算执行的考官,也没有能力把住编制关和执行关。所以,总经理必须是预算理念的行家。

那么,如何让总经理快速成为预算理念的行家呢?

其实方法是多种多样的,只是需要财务伙伴们动点脑筋,花点心思。比如,财务总监可以邀请总经理一起去参加预算管理的培训。但就算总经理愿意和你一起去参加这方面的培训,也并非万事大吉了。我们的目标是让总经理成为预算理念的行家,资源路径是培训费用,业务路径是参加培训,就这么一条业务路径,够不够?你如果掌握预算管理的原理,就知道没有其他的保障措施,只有一条业务路径,是很难达到目标的。我们可以设想一个场景:

你和总经理一起外出参加培训,总经理可能会挑最后一排的位置坐下。为什么?方便溜号。老师讲了不到半个小时,总经理就在后面坐立不安——可能是老师讲得太专业,总经理听起来比较吃力;也有可能老师讲得不太接地气,总经理觉得是浪费时间;还有可能是总经理确实还有一堆其他的事情等着处理。于是总经理对你说:"好好听课,我们公司的预算管理推进工作今后全拜托你了,我临时有事,先走了。"

你看看,培训费白花了,让总经理成为预算理念行家的目的也没达到。你能不能预先这样去和总经理商量:"总经理,公司就我们俩懂预算管理,其他人对预算管理要么一窍不通,要么一知半解,要在整个公司实施全面预算管理,恐怕很难获得他们的理解和支持。这里我提个建议,我们俩培训回来组织内训,您看怎么样?"然后你在他还没有反应过来的时候,趁热打铁,"总经理,第一天预算理念的培训你来讲,第二天预算组织和编制的培训我来做,咱们俩之间做个分工,您看可以吗?"总经理是明白人,听你这样一说,就知道你的良苦用心是让他这两天好好听课,不要玩手机,不要看微信,更不要迟到早退,既然培训费花了,时间也赔进去了,就一定要学有所获,成为预算理念的行家。

总之,总经理如果不能成为预算理念的行家,这家企业推行全面预算管理必将困难重重。

预算两会非开不可

总经理担任预算管理一把手,要把控预算编制的质量和预算执行的质量。预算两会,即预算答辩会和预算分析考评会,是为总经理履行预算管理一把手职责量身定制的,非开不可,这也是确保企业的全面预算管理发挥长效机制的一种顶层设计和制度安排。

一、预算答辩会保障预算编制质量

每个分/子公司、业务单元、职能部门都要进行答辩,要答辩哪些内容,已经在预算启动会上告知了。总经理作为考官,坐镇预算答辩会,谁还敢在预算编制阶段潦草马虎、敷衍了事?谁会把自己在企业的前途命运视同儿戏?

如果总经理不参加预算答辩会,由财务总监出面担任考官,请问,财务总监有这个生杀大权吗?财务总监有这个能力掌控全局吗?显然,总经理绝不可以把预算答辩考官这个权授出去。同理,预算分析考评会的考官,总经理也是当仁不让的。

案例 2-5

某公司总经理参加预算答辩会,可是才过了10分钟,他就对财务总监说:"真是不好意思,公司临时有急事,要我出面去处理一下。这样吧，后面的会议进程你替我主持一下，你办事我放心，我先走了。"

如果你是财务总监，你怎么办？

分析

我给出一个忠告：财务总监或者其他人此时绝不能接过这根接力棒，否则就是自取其辱。

比如，现在召开预算分析考评会，销售总监正在汇报为什么销售费用都投入到位了，而销售收入完成得很不理想。销售总监说了一堆理由和依据，也对市场环境的捉摸不定和竞争对手的死缠烂打充满抱怨和无奈，财务总监作为临时考官，追问销售总监接下来如何改进，销售总监无计可施，被逼急了，可能会说："你们财务部门闭门造车，站着说话不腰疼，一点也不理解销售的难处，有本事你来做销售好了。"

这种包办代替的做法是不是让财务人员显得非常被动？而且常常会把事情搞僵、搞砸。

有一次我们公司的预算答辩会也是这样，会议开到一半的时候，总经理临时有事要走，授权我继续主持下去。我赶紧说："总经理，稍等，我说完这句话你再走吧。"然后我转身对大家说："各位，预算答辩会的考官是总经理，今天总经理临时有事，我们今天的预算答辩会就开到这里，至于什么时候再开，等总经理有空的时候我再通知大家。现在散会！"总经理一听就急了，立即摆摆手说："大家等一下，会议继续，我手头的事情我会安排其他人去处理的。"

一定要让总经理明白，他分内的三件事情是不能授权的，这是关键控制点，否则，他就不是预算管理一把手。

二、预算分析考评会保障预算执行到位

预算分析考评会是预算执行阶段的质量控制关键点。把它分开来看，其实是两个会议：预算分析会和预算考评会。这里给大家一个建议：必须想方设法为总经理减负。

有的企业一搞管理项目，就弄出一堆会议、一堆文件，总经理从此陷入文山会海不能自拔。一个人职位越高，能够自由支配的时间就越少。你必须学会为总经理减负。你能不能把公司的会议整合一下，做一次合并同类项呢？比如把预算分析会和预算考评会合二为一，把财务分析会、经营管理会、资金平衡会、绩效考评会等会议合并召开。至于开会的频次，可以根据公司的情况决定。个人建议，预算分析考评会一个季度召开一次比较妥当，既有利于纠正偏差，也有利于提高效率。

在预算分析考评会上，每一个预算责任人汇报预算执行情况怎么样、偏差原因是什么、改进措施是否到位等，总经理逐一进行评估、评价。其实点评不一定都是负面的处罚，也有正面的激励。比如研发总监的预算管理做得很好，他在预算分析考评会分析的原因、提到的措施也非常到位，总经理就可以这样总结："好样的！能否请王总有空的时候给大家分享一下预算管理的心得体会，我会亲自带队参加的。"你会发现，研发总监随后三个月都是精神抖擞的。

三、预算两会重点关注创新的内容

无论是编制阶段的预算答辩会，还是执行阶段的预算分析考评会，建议总经理重点关注大家在做事花钱方面调整、改进、创新的内容，

如果一成不变，则说明缺乏思考，能力没有提升，方法没有到位，目标的实现堪忧。

假设总经理给生产部门下达目标——产能提升50%，结果通过预算两会发现，生产部门就是简单粗暴、不动脑筋地依赖公司资源投入来实现这一目标，比如增加厂房、增加设备、增加库存、增加人数、增加仓库等，这些方法毫无新意，根本体现不出生产专业人士的智慧、努力和创意。这时，总经理就要严厉要求生产部门必须改变，围绕人、机、料、法、环五个维度思考：

- 如何激发团队，群策群力，找方法找措施？
- 如何整合资源，借力借势，突破传统思维？
- 如何通过智能制造提高劳动生产效率？
- 如何提高材料齐套率，减少库存积压？
- 如何进行工艺、工装、工序的改进、创新？
- 如何分析、解决产能瓶颈，消除短板？
- 如何改进生产计划，加强产供销平衡？
- 如何将自制调整为外包、外协、外购？

……

案例 2-6

近期的经济、金融环境比较严峻，投资、出口、消费三驾马车速度放缓，某公司的经济效益也持续下滑，于是公司决定明年按职位高低分别予以5%~50%比例的降薪，总经理级降50%，总监级降40%……员工级降5%，希望大家同舟共济、共渡难关。

分析

这家公司的目的是控制人工费用，进行降本增效，但是这种方法真的管用吗？可能会导致人心惶惶、人心涣散吧？人心一旦散了，队伍就不好带了。

其实，总经理只要发动大家群策群力，就会找到一系列行之有效的方法，既能减少员工数量，又能降低人工费用。思考的方向详见图2-2。

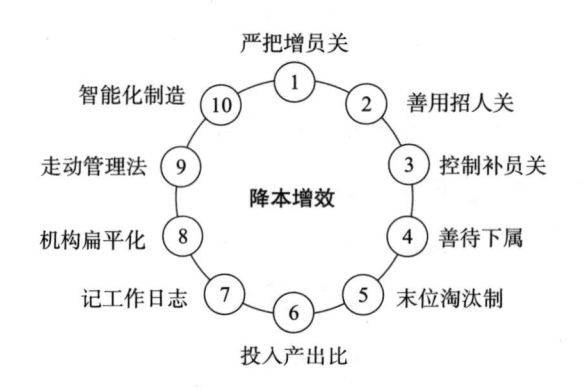

```
        严把增员关
             1
  智能化制造 10    2 善用招人关
  走动管理法 9         3 控制补员关
          降本增效
  机构扁平化 8         4 善待下属
  记工作日志 7    5 末位淘汰制
             6
        投入产出比
```

图2-2　提高人工效率、降低人工成本的思考方向

第三章

预算编制

确定目标

一、公司战略规划的四大利器如何应用

预算编制的起点是目标，在公司层面是年度目标，在部门层面是分解下达的部门目标。而目标又是公司战略规划的明细化和具体化，所以，预算管理的源头是公司的战略规划，预算管理是公司战略执行的抓手和落地的工具。那么，如何制定合理有效的战略规划呢？下面介绍战略规划环节常用的四种工具和方法。

1. 战略地图

战略地图（见图3-1）是描述一家企业如何为股东创造持续价值的最佳工具，它为战略规划提供了可视化的架构和路径。

战略地图包括四个层面：财务层面、客户层面、内部流程层面、学习与成长层面。

财务层面表明了公司战略实施和执行的最终结果，也揭示了达成目标的两种策略：效率策略和增长策略。

客户层面的中心点是公司的目标细分客户和业绩衡量指标，如客户满意度、客户获得率、客户保持率、客户增长率、市场份额等。为实现这些指标，需要做好客户体验、经销关系、品牌形象三个方面。更进一步地，可以通过价格、质量、功能、选择性、伙伴关系、品牌、

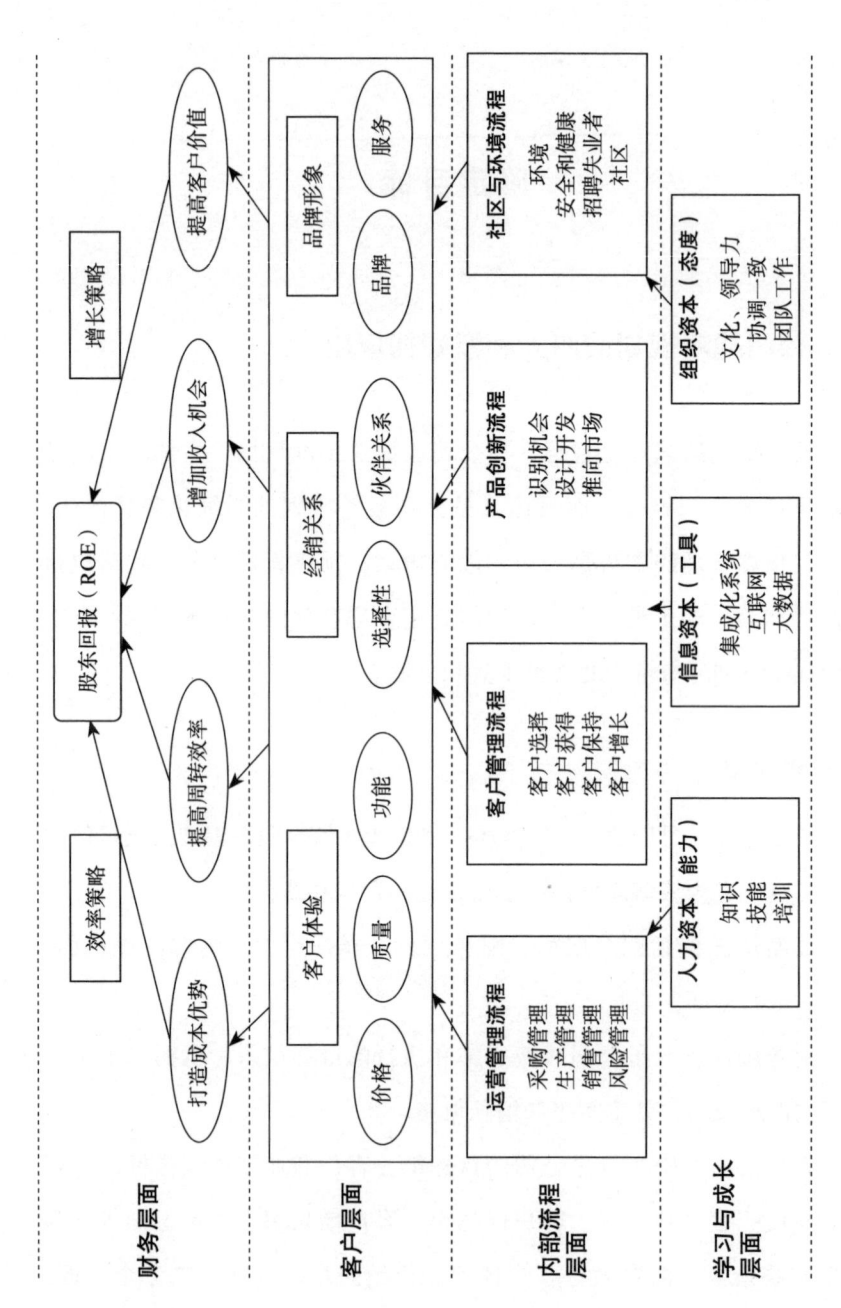

图 3-1 战略地图模板

服务七个行动路径来做。

内部流程层面通过流程改善和效率提升,实现前两个战略要素:满足客户价值主张,实现财务成果。内部运作流程又分为四组:运营管理流程、客户管理流程、产品创新流程、社区与环境流程。

学习与成长层面说明了无形资产是持续价值创造的源泉和行动保证,学习与成长目标描述了如何将人力资本、信息资本和组织资本结合起来支持战略。

四个层面的目标通过因果关系联系在一起:财务成果的实现取决于目标客户的满意度;内部运作流程的优化为财务成果和客户满意提供行动上的支持和保障;行动是否合理有效取决于个人和组织的能力,即学习与成长为战略达成提供了能力保障。总结而言,即通过提升能力,改善流程业绩,满足客户需求,驱动股东成功。

如表3-1所示,战略地图的四个层面,通过20~30个相互关联的平衡计分卡指标的转化、细化和量化,再与预算管理的编制、执行和考评衔接,让战略的实施和落地有了清晰的路径,从而将战略逐级传达给员工,并帮助他们理解战略、支持战略,将高层的战略转化为基层的具体行动。

表3-1 战略实施和落地的路径

战略地图			平衡计分卡		行动计划	预算
类别	战略目标	目标值	指标	指标值		
财务层面						
客户层面						
内部流程层面						
学习与成长层面						

案例 3-1

美孚石油公司刚开始实施战略地图的时候，卡车司机认为战略和他们这些一线员工没有任何关系，那都是公司高管的事情，他们的工作就是把石油和天然气运送到各个加油站。

公司管理人员通过战略地图向卡车司机解释，他们会如何对内部流程的指标产生影响。如果他们能够始终保持安全驾驶，避免事故，就可以提升内部流程四个指标的绩效：低成本、安全可靠、准时交货、良好的企业形象。如果他们能够按预定路线驾驶，就可以保持低成本，并确保按计划到达。司机们很容易就理解了这些影响，但是他们仍然认为客户层面的指标和他们没有关系。管理人员接下来解释了公司和经销商的双赢关系，并且要求司机在送货时把经销商当作重要的客户来对待。他还解释了新的市场细分战略和对每个加油站的评价计划，并指出，如果司机能够准时、正确地送货，保证经销商不断货，那么他们就对供货方面"完美的购买体验"做出了贡献。另外，司机也要了解"完美的购买体验"的其他贡献因素，尽管他们不能控制这些因素。

不久，人们发现一些卡车司机在为加油站送货后会打电话给公司："你们最好派一个人来这个加油站看一看。美孚的招牌都破了，一半以上的灯都坏了，厕所也很脏。""便利店有些面包过期了，而且一直有缺货现象。""这里的员工对客户大喊大叫。"所有这些都不符合美孚"提供快速和友好服务"的新战略。

这完全超出了高管团队的意料。卡车司机在没有任何人要求的情况下，完全出于自动自发，变成了公司一线市场调查和监督的重要组成部分。尽管他们不能控制购买体验，但是他们可以间接地影响，只要他们知道并理解其重要性。

因此，通过战略地图对战略的清晰描述和坦诚沟通，可以将公司战略传递给一线员工，并使他们完全理解战略。如此，员工就会积极思考，努力创新，帮助公司实现战略。

总而言之，设计和运用战略地图的价值体现在三个方面。

第一，清晰描述公司战略，并通过沟通达成共识。

第二，通过平衡计分卡和预算管理，将战略转化为行动，让战略落地。

第三，整合人力、信息和组织等无形资产，通过改善内部运作流程，保障财务目标实现和满足客户差异化需求。

2. SWOT 分析

SWOT 分析，是将与研究对象密切相关的各种主要的内部优势、劣势和外部机会、威胁通过调查列举出来，并依照矩阵形式排列，然后用系统分析思维，把各种因素相互匹配起来加以分析，从中得出一系列结论，如图 3-2 所示。

优势和劣势分析主要着眼于企业自身的实力及其与竞争对手的比较，机会和威胁分析将注意力放在外部环境的变化及对企业可能的影响上。因此，SWOT 分析常用于制定公司战略和分析竞争对手情况。

SWOT 分析一般分为三步。

第一步，公司内、外部环境因素分析。

第二步，构造 SWOT 矩阵。

第三步，制订行动计划。

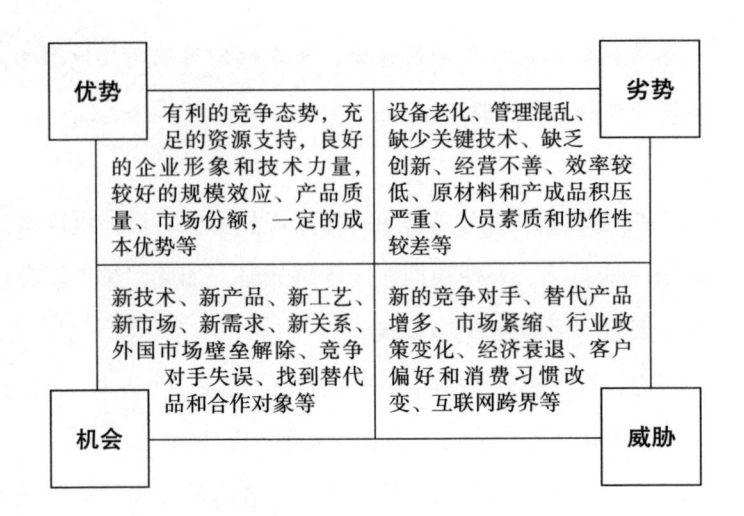

优势			劣势
	有利的竞争态势，充足的资源支持，良好的企业形象和技术力量，较好的规模效应、产品质量、市场份额，一定的成本优势等	设备老化、管理混乱、缺少关键技术、缺乏创新、经营不善、效率较低、原材料和产成品积压严重、人员素质和协作性较差等	
	新技术、新产品、新工艺、新市场、新需求、新关系、外国市场壁垒解除、竞争对手失误、找到替代品和合作对象等	新的竞争对手、替代产品增多、市场紧缩、行业政策变化、经济衰退、客户偏好和消费习惯改变、互联网跨界等	
机会			威胁

图 3-2　SWOT 分析示意图

那么，在实践中，公司制定战略时应如何灵活运用 SWOT 分析呢？可以参考杰克·韦尔奇非常经典的"五张幻灯片法"，每周解决一张幻灯片中所列的问题。

第一张幻灯片：公司所处的"竞技场"画像。

- 我们的竞争对手是谁？
- 他们的市场份额有多大？
- 他们的优势、劣势是什么？
- 他们的内部运作状况如何？

第二张幻灯片：竞争对手过去一年的业务活动。

- 各个竞争对手在市场上有哪些重大举措？
- 他们是否有关键人才引进或重大组织变革？
- 他们是否有重大的新产品、新技术、新渠道？
- 行业内是否出现新的竞争者，其业务状况如何？

第三张幻灯片：我们过去一年的业务活动。

- 我们去年在市场格局上有哪些重大举措？
- 是否有关键人才引进或重大组织变革？
- 是否有重大的新产品、新技术、新渠道？

第四张幻灯片：对于外部环境，我们最担心的是什么？

- 竞争对手会不会推出某个新产品？
- 会不会出现改变市场格局的重大事件？
- 是否会有杀伤力强的黑马进入本行业？

第五张幻灯片：分析我们的优势和劣势。

- 为了改变和主导市场，我们的优势在哪儿？
- 为了提高市场竞争力，我们有哪些方面要提升？
- 为了实现战略，我们有哪些障碍要克服，如何克服？

30多年的企业工作经验告诉我，五张幻灯片法在战略规划上非常管用。

比如，对第一张幻灯片的前三个问题，业务员多少是心中有数的，但是对第四个问题，十之八九是说不上来的。但这不能怪他们，因为总经理没有提出相应的目标和要求。比如，我们的产品定价太高了，和同行比较没有竞争力，能不能让业务员搞清楚竞争对手是如何管控成本的，然后借鉴、参考、改进，把成本降下来，把价格调下来，把市场打开？这叫"标杆学习法"，向竞争对手学习，学习他们成功的做法、成熟的方法。如果总是自己闭门造车、苦思冥想，方法僵化了，思维局限了，成本只能居高不下了。同理，质量不稳定、交期太长、服务太差，如何解决？搞清楚竞争对手内部是如何运作的，你就会豁然开朗。

又比如，通过第四张幻灯片每年对外部环境做一次全面梳理。杰克·韦尔奇在通用电气公司每年战略研讨的时候，都会把外部环境的重大变化和发展趋势等因素考虑进去，这些都很重要，而现在很多企业却对之不管不顾。要知道，我们所处的外部环境，最近10年急剧变化，且是之前100年都未曾有过的。有一家做手机的世界级企业，现在他们的手机业务早已被砍掉了。当初转让手机业务的时候他们召开了一次新闻发布会，CEO说了这么一句话，让人唏嘘不已："我们也没做错什么，可是不知道为什么，我们就是输了。"武侠小说里经常有这种场景——一个武林高手被另外一个高手打败了，他临死之前最后一个心愿是："你的师傅是谁？刚才那一招叫什么？求求你让我死个明白。"而这家著名企业的CEO最终都没能"死"个明白。所以说，把握外部环境，包括政治环境、经济环境、金融环境、安全环境的重大变化及其发展趋势，在战略规划阶段意义十分重大。

3. 波士顿矩阵

波士顿矩阵认为，决定产品结构的基本因素有两个：市场引力与企业实力。

市场引力包括企业销售（量/额）增长率、竞争对手强弱及利润高低等。其中最主要的指标是销售增长率，这是考量企业产品结构是否合理的外在因素。

企业实力包括市场占有率，以及技术、设备、资金的利用能力等。其中市场占有率是决定企业产品结构的内在要素，它直接显示出企业竞争实力。

销售增长率与市场占有率既相互影响，又互为条件：销售增长率高，市场占有率高，可以显示产品发展的良好前景，企业也具备相应的适应能力，实力较强；如果只是销售增长率高，而没有相应的高市场占有率，说明企业尚无足够实力，该种产品也无法顺利发展；即使企业实力强，但产品销售增长率低，产品的市场前景一般也不佳。

通过以上两个因素相互作用，会出现四种不同性质的产品类型，其各自有不同的产品发展前景，如图3-3所示。

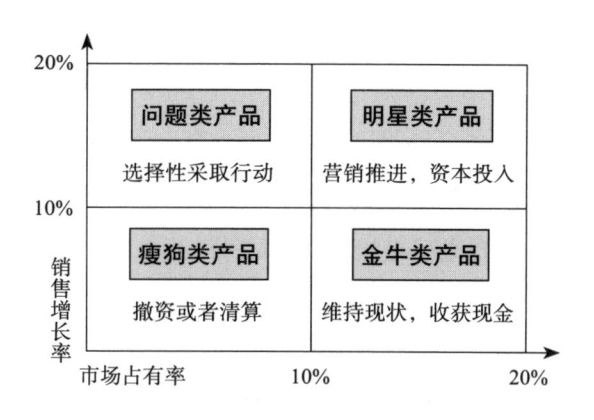

图3-3 波士顿矩阵分析图

① 明星类产品：销售增长率和市场占有率"双高"的产品群。

这类产品既有发展潜力，又具有竞争力，是高速成长市场中的领先者，处于生命周期中的成长期。企业应该重点发展这类产品，可采取追加投资、扩大业务的策略。

② 瘦狗类产品：销售增长率和市场占有率"双低"的产品群。

这类产品处于生命周期中的成熟期或衰退期，市场竞争激烈，自身获利能力差，不能成为利润源泉。如果产品能够经营并维持，则应缩小经营范围；如果亏损且难以为继，则应采取措施，进行整合或放弃。

③ 问题类产品：销售增长率高，但是市场占有率低的产品群。

这类产品的销售增长率较高，需要企业投入大量资金予以支持，但市场占有率相对不高，不能给企业带来较高的资金回报。这类产品有行业发展潜力，要深入分析企业是否具有发展潜力和竞争优势，再决定是否追加投资，扩大市场份额。

④ 金牛类产品：销售增长率低，但是市场占有率高的产品群。

这类产品可能处于生命周期中的成熟期，若生产规模较大，能够带来大量稳定的现金收益。建议维持其稳定生产，不再追加投资，以便尽可能地回收资金，获取利润。

综上，针对不同的产品或业务组合，有四种不同的应对策略。

一是发展。以提高经营单位的市场占有率为目标，甚至不惜放弃短期收益。要使问题类业务尽快成为"明星"，就要增加资金投入。

二是保持。投资维持现状，目标是保持业务单位现有的市场份额。较大的"金牛"可以以此为目标，产生更多的收益。

三是收割。这种策略主要是为了获得短期收益，目标是在短期内尽可能得到最多的现金收入。对处境不佳的金牛类业务及没有发展前途的问题类业务、瘦狗类业务，应视具体情况采取这种策略。

四是放弃。目标在于清理和撤销某些业务，减轻负担，以便将有限的资源用于效益较高的业务。这种战略适用于无利可图的瘦狗类业务和问题类业务。

4. 波特五力模型

"竞争战略之父"迈克尔·波特认为，在任何产业里的企业，无论是在国内还是在国外，无论是生产一种产品还是提供一项服务，竞争都来自五个方面（见图3-4）：现有竞争者、潜在竞争者、供应商、购买者、替代品。整个行业的竞争态势取决于这五个要素的相互作用关系。

① 现有竞争者之间的竞争。

a. 战略定位；

b. 竞争策略；

c. 技术实力；

d. 资金实力；

e. 人力资源实力；

f. 行业品牌集中度。

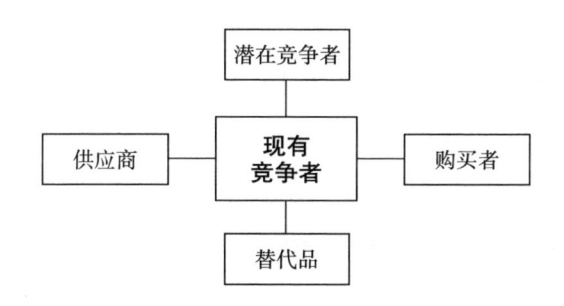

图 3-4 波特五力竞争模型

② 潜在竞争者的进入能力。

a. 进入这个行业的成本或资本（市场壁垒）高低；

b. 他们的产品与我们的产品是否有很大的差异性；

c. 取得销售渠道是否困难（受限于规模经济、自然资源等）；

d. 行业盈利状况；

e. 行业发展前景。

③ 供应商的讨价还价能力。

a. 供应商所在行业的集中化程度；

b. 供应商产品的标准化程度；

c. 供应商提供的产品在企业整体产品成本中的比例；

d. 供应商提供的产品对企业生产流程的重要性；

e. 供应商提供的产品对企业产品质量的影响；

f. 企业原材料采购的转换成本；

g. 供应商前向一体化（业务向原有产业链下游移动）的可行性。

④ 购买者的讨价还价能力。

a. 产品的标准化程度；

b. 购买者对产品质量的敏感性；

c. 替代品的替代程度；

d. 购买者集体购买、大批量购买的可能性和普遍性；

e. 产品在购买者成本中占的比例；

f. 购买者后向一体化（业务向原有产业链上游移动）的可行性。

⑤ 替代品的替代能力。

a. 替代品的生产成本、盈利能力；

b. 购买者的转换成本；

c. 与我们产品用途相近似的产品是否有很多；

d. 生产替代品的企业在其他市场的获利情况。

实际上，关于波特五力竞争模型的实践运用一直存在许多争论。较为一致的看法是，波特五力竞争模型对获取竞争信息的要求较高，因此它更多的是一种理论思考工具，而非可以实际操作的战略工具。波特五力竞争模型的突出作用在于，五种竞争力量的抗争中蕴含着三类成功的战略思想，那就是大家熟知的：成本最低战略、产品领先战略和客户优先战略。

成本最低战略要求企业必须建立模化、高效率的生产设施，全力以赴地降低产研、供应、营销、销售及服务等各方面的费用。为实现这些目标，企业管理者要高度重视成本控制，保证自己的总成本低于竞争对手。要想获得总成本最低的优势，企业通常需要具有较高的市场份额或其他优势（如与原材料供应商具有良好的关系）。一旦企业获得了成本最低优势，其获得的较高利润又可以使企业对新设备进行再投资，来维护其在成本上的领先地位。这种再投资是企业长期保持成本优势的重要条件。

产品领先战略（专业化战略）即企业聚焦某个特殊的目标群体、某个细分产品线或某一细分区域，为其提供产品与服务。企业采取低成本或差异化战略，都是为了在更广的行业范围内竞争。而专业化战略却是围绕"如何为特殊目标群体提供专业、专注、专一的产品或服务"建立的。基于这样的思想前提，采取专业化战略能够使企业以更高效率、更好的效果为某一细分客户群体提供产品或服务，从而超过在较广范围内经营的竞争对手。但采取专业化战略也意味着企业要放弃一部分市场——获取高利润率必定以牺牲客户数量为代价。

客户优先战略（差异化战略）主要是以消费者为中心，保证企业提供的产品或服务具有差异化，在消费者心目中建立与众不同的形象。如通过建立高端品牌形象，或保持技术、性能、渠道布局、客户服务、客户体验及其他方面的差异化，满足客户的个性化需求和个性化体验，换来客户的忠诚度。

案例 3-2

战略是企业以未来为主导，为寻求和维持持久竞争优势，做出的有关全局的重大筹划和谋略，理论上说，任何企业都要有自己的战略规划。我们在咨询过程中，发现有些民营企业面对从国外引进的工具和方法，或担心自身基础太差、素质不高，或认为其容易水土不服、文化不合，而无法正确地使用。从方便理解和易于操作的角度，我们给他们一些变通的方法做参考，重点梳理出以下内容：

1.我们对企业未来的设想是什么？

2. 我们能给客户提供什么样的产品和服务？

3. 什么样的客户群体属于或不属于我们服务的对象？

4. 什么区域属于或不属于我们的服务区域？

5. 什么样的产品和市场代表最大的潜在客户和最重要的投资？

6. 什么样的竞争优势能够帮助我们成功？

7. 我们需要什么样的能力来支持我们的竞争优势？

8. 我们能获得什么样的财务或非财务的绩效成果？

对战略的梳理，要考虑四要素——产品（服务）、价格、地点、促销，以及五维度——计划、谋略、模式、定位、观念。

同时，无论运用什么方法梳理战略，最终一定要形成成果性的资料：公司发展战略规划和年度战略行动策略。

公司发展战略规划包括：使命、愿景、核心价值观、战略目标、竞争策略等。

年度战略行动策略包括：营业收入增加策略、成本费用控制策略、客户满意度提高策略、内部运作流程改善策略、能力素质提升策略等。

二、预算目标制定的三大策略如何选择

无论是否实施预算管理，几乎所有企业在年初都会有预期的经营目标，如销售收入、利润、经营现金流等。制定合理有效的年度目标，几乎是所有企业面临的痛点和难点。本节重点介绍制定预算目标的三大策略：上策——强调运营计划的预算考核法，中策——分类目标引导法，下策——讨价还价谈判法。

在分享目标制定三大策略之前，先和大家交流一下目标制定的三

大原则：股东期望原则、充分挖潜原则和市场竞争原则。

① 股东期望原则，也叫底线原则。

股东把钱投在公司，总是希望获得一定的投资回报，一般要求在6%以上，经理层如果达不到这个底线，就面临着下台的危险。

② 充分挖潜原则。

公司下达目标的时候，总是希望大家能够不断地调整、优化、创新，不断地提升能力素质，不断地改进方法措施，大家一起努力，运用智慧和创意，把蛋糕做大，分享增量收益。所以，预算目标总是会比之前的实际业绩高一些。

③ 市场竞争原则。

公司在生存发展的过程中，常常被市场的压力、竞争的残酷压得喘不过气来，然而公司经营犹如逆水行舟，不进则退，市场和客户永远是我们思考问题的原点，所以，预算目标应该围绕市场来制定。

这三大原则把握住了，我们对董事长、总经理下达的预算目标就会有更多的认同感，就会找方法找措施去完成目标；否则，就总是找理由找借口去打压目标。

1. 强调运营计划的预算考核法

杰克·韦尔奇在其自传中说："不夸张地说，在许多公司里，制定预算的程序是经营中最缺乏效率的环节。它吞噬了人们的精力、时间、乐趣和组织的梦想，遮蔽了机遇，阻碍了增长，产生了企业组织中最没有生产效率的行为，人们相互敲诈，或者满足于中庸。"之前他也曾经猛烈抨击过预算管理："预算是美国公司的祸根，它根本不应该存在。制定预算就等于追求最低绩效。你永远只能得到员工最低水平的贡献，因为每个人都在讨价还价，争取制定最低指标！"

乍一看，杰克·韦尔奇对预算深恶痛绝，其实不然。正是他从根本上解决了传统预算在目标制定环节的讨价还价行为，预算管理从此重获新生，西方企业对预算管理的质疑才逐渐偃旗息鼓。

在描述正确的预算考核办法之前，我们先来看两种常见的错误做法，即"谈判式解决"和"虚伪的笑容"。在这两种错误中，"谈判式解决"的做法更为常见。

身处业务一线的部门开始拟定下一年的预算草案，在这一过程中，业务部门的人有一个秘而不宣的目标：最小化自己的风险，最大化自己的红包。也就是说，他们提出的都是他们认为自己绝对有把握完成的目标。结果是，他们在制定预算时将持保守的态度。

然而，在总部方面，企业高层管理者的计划出发点却与业务部门相反。高层会因为收入的增长而受到奖励，所以，他们希望每个子公司预估的销售额和利润都能大幅度增长。

于是，在预算答辩会上，业务部门会找各种理由，表明经营环境将变得更加困难，需要更大的投入才能保证获得微薄的增长；而高层认为局势并没有业务部门说的那么严峻，只需要投入业务部门要求预算的一半金额，就能保证收入有较大幅度的增长。

最终，预算答辩会变成一场马拉松式的激烈的讨价还价，并以上下双方各让一步而结束。

在这个讨价还价的游戏中，人们很少提及哪些重要事情需要去做、如何去做的问题，甚至根本没有进行认真讨论。没有人围绕目标去找业务路径和资源路径，全部精力都聚焦在讨价还价上。这就是"谈判式解决"。

同样，在"虚伪的笑容"的预算考核办法里，业务部门的人也要花几个星期来准备详细的预算方案。与前一种做法相比，这种做法令人遗憾的一点是，它所制订出来的计划常常充满很好的创意和激动人心的机会——在业务部门工作的人对于自己的事业产生了大胆的梦想，例如发动一次收购、开发新的产品等，但是需要足够数量的投资——他们急于拓展自己的经营领域，迫切需要来自总部的支援。

然而，在此之前，高层已经知道自己将如何分配公司的资源，他们也非常清楚可以从每个部门获得多少收入和利润。因为他们相信，这些决策权力是属于总部的，作为高层管理者，他们能够看到全局，能把握先后次序，恰当地分配资源。

所以，业务部门最终分得的预算可能比预期的少很多，以至于他们可能会失去对公司的责任心，忘记自己当初制订运营计划时的热情，最后只是一心算计如何从公司搞钱、如何花钱。

错误的预算考核办法中，80%是"谈判式解决"，20%属于"虚伪的笑容"。其实"虚伪的笑容"是"谈判式解决"的一种变形，并且比"谈判式解决"更加恶劣。

下面来看颠覆传统的预算办法——强调运营计划，改变考核思路。

设想一种新的预算体制，它能让业务部门和总部建立共同的目标：利用预算程序来发现所有可能的业务增长机会，分析经营环境真正的障碍，制订目标远大的运营计划。这种新的预算体制不聚焦于组织内的争斗，也不瞄准虚构的目标，而是打开窗户，关注外面的世界。

我们应关注两个问题：第一，如何超越去年的业绩？第二，竞争对手在做什么，如何战胜他们？

如果把注意力放在这两个问题上，那么预算程序就能变成业务部门与总部之间的对话，他们将共同关心现实世界的机遇与困难，话题范围将变得更加广阔，任何事情都有可能。

在他们的对话中，双方将共同确立一个增长目标，那不是谈判，也不是强迫，甚至都不能被称为"预算"。那其实是一个关于下一年度工作的运营计划——充满了创意和灵感，确立了大方向，而作为目标的数字也是双方共同认可的，或者说，那是一个所谓反映"最大努力"的目标数字。

与传统的预算不同，运营计划的目标数字是通过具体分析得出的，也能随环境的变化而调整。一个业务部门或产业可以在一年时间里制订两三个运营计划，随时根据商业挑战的现实情况通过对话来调整。这种灵活性打破了预算难以调整的桎梏，因为随着市场环境的变化，原来的预算将过时，甚至毫无意义。

此时，业务部门的人或许会想："是啊，这套办法听起来还不错，但我们的资金该如何发放呢？"

这是个很好的问题，而且是关键的问题。答案是，只有满足下面的条件，运营计划才能充分发挥作用：对于个人和部门的奖励，并不是根据实际业绩与预算目标的对比来决定的，主要是通过实际业绩与以前的业绩及竞争环境的对比来决定的，并把现实的战略机会和困难等因素考虑进来。

案例 3-3

集团公司有一个做工程车辆的子公司，受金融危机影响，这个板块当年亏损 2000 万元。问题来了，下一年的预算目标该怎么定？定目标的时候，子公司总经理说："我们今年亏了 2000 万元，预计明年的形势更加不乐观，因为金融危机刚刚开始……"接下来他强调了障碍、困难和其他不利因素，最后的结论是，明年能保证亏损不超出 2000 万元就已经非常乐观了。他建议将明年的利润目标定为 -2000 万元。

集团公司总部对此也有自己的看法。董事长说："今年一年你们就给股东造成了 2000 万元的损失，明年还要继续这么亏损下去吗？我们如何向股东交代？"子公司总经理说："那也没办法，行业环境就是这样。"董事长一生气，直接下命令："绝不允许继续亏损下去，当然要盈利确实有困难。这样，明年的利润指标定为 0，不盈不亏。另外，增加一项激励措施，明年若产生利润，超额利润的 50% 奖励给你们经营班子，总经理拿 60%，其余 40% 任你们分配。"

到了下一年，国家为了应对金融危机，出台一系列利好政策。该公司的工程车辆销售也顺势打了一个翻身仗。到年底，这家公司完成利润 3000 万元。

麻烦来了，奖励经营班子 1500 万元吗？如果你是股东、董事长，尽管说不出哪里有问题，也会心有不甘吧？但是如果不按绩效合同来兑现，子公司总经理有话要说了："去年形势不好，你们就按照合同来考核我们；今年我们完成业绩指标了，这个合同又不算数了，还有没有一点契约精神啊？"

当时我的第一感觉是，这家公司之所以超额完成目标，是因为国家的政策，也就是天上掉馅饼了。但是如何证明及说服他们呢？后来我想到和行业做一个对比。通过信息中介很容易拿到行业数据，因为每一辆车都要在车管所上牌。对行业数据略做分析，我便豁然开朗。该公司这一年销售收入增长了 40%，但是行业里的竞争对手增幅几乎都在 50% 以上，好几家的增幅甚至翻了一倍以上。也就是说，一年下来，该公司反而被竞争对手越甩越远，这就是他们努力的结果吗？我再拿该公司前三年的行动方案逐一对比，发现几乎就是简单的复制、粘贴，如何开拓市场、推广渠道、维护客户，如何做广告投放、业务宣传、促销活动，如何提升业务人员能力、激发业务人员活力等，都是沿袭之前的做法，了无新意。

在这两个铁的事实面前，子公司总经理无话可说了。当然，集团公司老总考虑到头一回把兑现绩效业绩放到行业里去对比，子公司经营班子一下子难以接受这个改变，而且没有功劳也有苦劳，于是最终将 1500 万元的奖励预案改为 150 万元。

错误的预算考核办法转变为新的预算考核办法，关键是要有一个根本性的改变——将实际业绩跟去年业绩和行业业绩进行对比，而不是和预算目标进行对比。

不过，这种方法也有局限性：一是有的行业对比数据很难获得；二是有些企业当年和前一年的业绩，因口径不一致而不可比；三是有的业务部门意识到自己的业绩比行业数据差很多，便以无法获得数据为挡箭牌。当然，只要企业认识到传统方法的弊端，下定决心要改变，就一定有方法、有思路搜集到行业数据，比如，可以通过行业协会、上市公司、信息中介、公司、网站、公众号等渠道。再给大家一个建议：尽量不要把预算产出类目标（销售收入、利润）跟绩效考核挂钩，而要将其和上一年的业绩及行业业绩进行比较。

案例 3-4

某公司实行预算管理以来，发现下属子公司存在两种比较奇怪的现象：到了每年 10 月或 11 月，有些子公司已超额完成预算，有些子公司只完成预算的 60%。但是这两种公司都放慢了销售进度，有意识地将订单推迟到明年，同时放松了费用控制。问题出在哪里？应该如何解决？

分析

在传统的预算目标和绩效管理挂钩的公司里,这种现象一定存在。前一种怕公司鞭打快牛,明年乃至今后的任务基数越来越高;后一种选择破罐破摔,为明年乃至今后压低基数,轻装上阵。

但是在割裂预算目标与绩效红包的公司里,这两种做法就失去了存在的土壤。如果我们不把实际业绩与预算目标比较,而是与去年业绩和行业业绩比较,他们还会这样干吗?显然再也不会了。

到了每年10月或者11月,有些公司已经超额完成预算了,比如去年实际利润是1000万元,预算目标定为1100万元,这些公司现在已经完成了1100万元。假设总经理去年年薪50万元,年薪按照利润增长比例同比增长。如果公司开始停滞不前,利润和去年同期相比增长10%,那么今年他的年薪将为55万元,明年的年薪也将从55万元起步。如果年底竞争对手利润增长20%,55万元的年薪还将打折。如果这家公司还在盈利,最终利润和去年同期相比增长50%,达到1500万元。此时总经理可以拿到75万元的年薪,明年的年薪也将从75万元起步。在与行业增长20%对比以后,75万元的年薪还将上涨,甚至可能达到100万元。

再来看破罐破摔的情况。公司只完成预算的60%就开始停滞不前了,结果总经理的年薪变成了30万元,明年的年薪也将从30万元起步。再结合年底竞争对手利润增长20%的因素,30万元的年薪还将继续打折。总经理如果选择继续努力,最终完成去年业绩的80%,年薪就变成40万元,明年的年薪也将从40万元起步。当然,进一步考虑竞争对手的情况后,40万元还将有所变动。

从分析中可看出,这种新的预算考核方法从根本上解决了目标制定环节的讨价还价现象，根治了追求最低指标和最低绩效的顽疾，清除了鞭打快牛和破罐破摔的弊端。

2. 分类目标引导法

如果暂时不能采用上述新的预算考核方法，推荐尝试分类目标引导法。这是一种变通的方法，也可以减少讨价还价，提高目标制定的效率。这种方法根据目标的可实现程度，将其分为三类（见图3-5）。

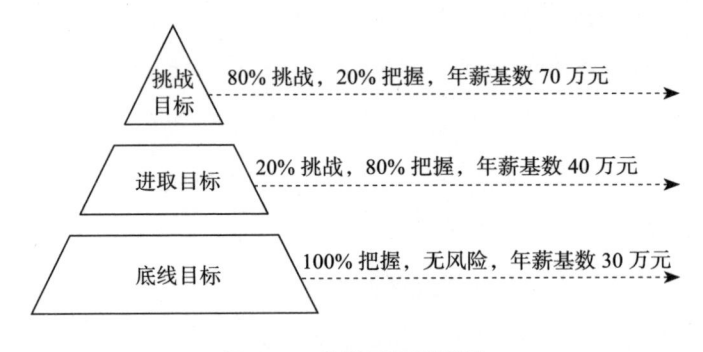

```
        挑战
        目标      80% 挑战，20% 把握，年薪基数 70 万元
     进取目标     20% 挑战，80% 把握，年薪基数 40 万元
    底线目标      100% 把握，无风险，年薪基数 30 万元
```

图3-5　分类目标引导法

底线目标：只要按照去年的方法，基本上就能实现的目标。年薪基数比较低。

进取目标：沿用去年的方法，预计可以完成目标的80%，还有20%需要在方法上有所补充或改善。年薪基数相应提高。

挑战目标：沿用去年的方法，预计只能完成目标的20%，还有80%必须在思路、方法、措施上有创新、有突破。年薪基数会大幅度提高。

比如，销售部门今年完成了1亿元的营收，公司定的明年目标还是1亿元（底线目标），他们悬着的那颗心是不是立即就放下来了？意思是明年只要是今年的简单重复，不需改进、调整、创新，实现目标也是很有把握的。当然，销售部门的薪水也是不能上涨的，因为没有体现出能力的提升，也没有给公司创造增量收益。如果公司定的明年目标是1.2亿元，销售部门就会认为：1亿元没问题，多出来的2000万元需要在原有方法的基础上有所突破，但只要竭尽全力，实现进取目标的可能性还是很大的。一旦完成，公司就与他们一起分享增量收益。如果公司定的目标是3亿元，期望拉近法则能发挥作用，一旦销售部门实现了这个目标，公司的奖励会超出他们的预期。

这样看起来，底线目标是消除后顾之忧，进取目标是挖掘潜力，挑战目标是引导奇迹出现。

分类目标引导法很大程度上避免了讨价还价现象，走出了最低指标和最低绩效的阴影，大部分人都会自动自发地选择进取目标或挑战目标。

案例3-5

公司对仓库的主要考核指标是账实相符率。我们有家客户要求账实相符率达到98%以上，如果达不到，每次处罚仓管员300元，并且要求上报偏差分析报告和纠偏整改方案，结果仓管员成为离职率最高的岗位。

我们尝试对仓管员按底线目标和进取目标进行预算绩效管理。统计数据表明，目前的账实相符率平均是85%。我们征求仓管员的意见：如果每次检查账实相符率达到85%及以上，不予处罚，低于85%才被处罚，你们同意吗？仓管员不约而同都表示愿意接受。我们再提议：如果账实相符率达到90%，每次奖励仓管员300元，连续四个季度都达到90%的，单独加一级工资。仓管员对此欣然接受，也就是说，他们都发自内心地认同公司的目标和绩效制度。

该公司施行我们的建议后，意想不到的事情发生了。一个季度后，财务部门因为工作忙碌没有按时组织检查账实相符情况，仓管员竟然打来了投诉电话："公司说话不算数，说好的每个季度抽盘，到现在都没来检查！"他们为什么变得喜欢被检查了？因为他们都有信心完成进取目标，如果公司不安排检查，那么每次300元的奖励、单独加一级工资的机会就没有了。

他们为了得到相应的激励，做了大量的工作，比如：每天空下来进行抽盘，及时发现问题，及时整改到位；寻求公司资源支持，做到仓库物理隔离、监控系统预防偷拿、信息系统数据准确等。

一年下来，六个仓管员每个季度的账实相符率都达到了90%，都加了一级工资。

第二年，底线目标调整为去年实际完成的90%，进取目标上调至95%。结果，除了一个仓管员未能单独加一级工资外，其余的都每个季度都完成了进取目标。

第三年，底线目标定为94%，进取目标定为最初要求的98%。该公司用了三年的时间，终于把十几年都没达到的目标实现了。

我们再用一个真实的案例，让大家体会一下分类目标引导法的威力，真正理解预算目标和绩效管理如何有效衔接。

案例 3-6

有一家企业是做电机的，前几年由于原材料价格快速上涨，销售毛利率从35%下滑到了25%，而且有进一步下跌的趋势。再这样下去，他们连客户订单都不敢接了，因为没有边际贡献了，做得越多亏得越多。

另外，我们了解到，这家企业对业务员的考核就是简单的基本工资加销售提成，所以，业务员对将原材料提价的部分影响转嫁给客户的策略毫无执行动力，因为这样会影响订单量，进而减少其提成收入。

我们使用分类目标引导法，很快就扭转乾坤。

底线目标：销售毛利率超过25%的，业务员可以自主接单；低于25%的订单，对业务员不做任何处罚，但是该订单接与不接由公司最终决定。

进取目标：销售毛利率超过30%的，当月奖励该业务员1000元；超过35%的，奖励2000元；超过40%的，奖励5000元。

业务员立即变了，他们闭口不提一调价客户再也不下单了之类的，不再挖空心思地找理由找借口，而是积极主动地找方法找措施。

"钱老师，我们也很想把产品价格调上去，能不能帮助我们将调价话术整理出来，以便有理有据地说服客户，争取客户的理解？"

"希望公司ERP系统做一下二次开发，方便我们在客户下订单之前，就能知道在当前的材料价格行情下，这笔销售订单的毛利率是多少。"

"我们行业内最大的竞争对手，原材料用的是带钢，我们用的是硅钢，而硅钢的价格比带钢高出40%。我们能不能通过标杆学习法，替换材质，降低成本？"

"钱老师，我们有些供应商的材料价格比竞争对手高出许多，而且这些供应商10年都没换，能不能帮我们分析分析、调整调整啊？"

"钱老师，我们的生产效率太低了，生产成本太高了，能不能用设备替代人工呢？因为竞争对手一个工人可以同时看守三台绕线机，一台绕线机能够同时绕六个线包；而我们一个工人只能同时看守两台绕线机，一台绕线机只能同时绕一个线包。"

……

为什么业务员们以前不提、不要求解决这些问题呢？一是对业务员而言没甜头，二是会得罪别的部门。现在不同了，价格上去了，成本下来了，业务员的奖励就拿到了，公司的利润也上去了。

那么，分类目标引导法在实践中如何应用呢？表 3-2 给出了参考。

表 3-2　分类目标引导法实践参考

单位：万元

本年度实际完成数	底线目标 1000 对应的经营者年薪	进取目标 1200 对应的经营者年薪	挑战目标 2000 对应的经营者年薪
800	20 + 8 = 28	20 + 0 = 20	20 + 0 = 20
1000	20 + 10 = 30	20 + 17 = 37	20 + 0 = 20
1200	20 + 12 = 32	20 + 20 = 40	20 + 0 = 20
1500	20 + 15 = 35	20 + 25 = 45	20 + 38 = 58
2000	20 + 20 = 40	20 + 33 = 53	20 + 50 = 70
2500	20 + 25 = 45	20 + 42 = 62	20 + 63 = 83

说明：

1. 三类目标对应的年薪基数分别为 30 万元、40 万元、70 万元，其中底薪 20 万元；
2. 三类目标对应的年薪中效益年薪否决指标为 800 万元、1000 万元、1500 万元；
3. 对应年薪 = 底薪 + 本年度实际完成数 ÷ 目标 × (年薪基数 - 底薪)。（表中数据四舍五入）

针对表 3-2，给大家四点建议。

第一，底线目标可以参考上一年实际完成数，考虑自然增长量。在实际完成数的基础上要求以增长 5%~10% 作为底线目标，在底线目标的基础上以增长 20% 以上作为进取目标，在底线目标的基础上以翻一番以上作为挑战目标。

第二，三类目标对应的年薪基数要有阶梯性，三类目标的底薪是一致的。

第三，三类目标必须设定相应的效益年薪否决指标（没达到这一指标不予发放效益年薪），并呈现阶梯性上涨。

第四，三类目标对应的效益年薪按各自目标的完成比例同比计算发放。

选择分类目标引导法来制定预算目标，总经理还需要长一个心眼：选择挑战目标的人。这样的人一般都是企业的能人和栋梁之材，他们敢想、敢闯、敢干，支持并推动企业超常规发展，但是如果对他们管理不力、放任自流，也容易造成难以收拾的破坏性局面。因为一旦选择了挑战目标，他们就会希望公司在资源投入上全力以赴地给予支持，希望应收账款的信用额度高一点、信用期限长一点、产成品库存多备一点、价格最好降几个点、各项销售费用投入多一点、人员编制再增加一些、新产品多开发几个……如果因为管理不力，他们没做好，那么所有资源投入都到位了，销售收入、利润指标和预算比较却差了一大截，损失就很惨重。

针对这个担忧，下面给出总经理的应对策略建议。

第一，激励选择挑战目标的预算责任人。他们是公司的希望和未来，把他们的业绩登记备案，作为其职务晋升、工资晋级及培养培训的重要依据。

第二，要想实现挑战目标，必须在经营思路和管理措施上有创新、有突破。同时对他们的行动方案进行评审论证，并共同参与讨论，提供管理建议。

第三，经过几轮评审论证，修订、补充和完善行动方案，该方案应能基本保证挑战目标的实现。否则在资源投入上就要慎重考虑，预防投入到位，但产出与目标差距甚远的情况出现。

第四，资源投入可按季度（月度）进行节点控制。一季度资源投入可以全部到位，季度终了，要求业务团队评估投入产出效率，拿出纠偏措施和改进方案，视情况调整下一季度的资源投入。一旦产出（销售收入和利润）跟不上，投入必须及时刹车。

第五，企业必须在鼓励大胆创新、敢想敢干上多下功夫，建立机制，否则，挑战目标无法实现，进取目标也难以保障。重新定义创新，让企业的每个员工深度参与其中。要注意的一点是，创新并不是重大的、颠覆性的突破，而是循序渐进的、持续不断的改进，它可以是工作流程的优化、工作效率的提升、工作方法的改善。可以说，创新是预算管理的本质特征。

3. 讨价还价谈判法

目前，国内 80% 以上的企业还在使用讨价还价谈判法制定预算目标。讨价还价谈判法即预算博弈，其原理是这样的：因为上面肯定加码，所以下面得往低报，因为下面故意低报，所以上面只能加码，从而陷入恶性循环。

产生预算博弈的原因主要包括：目标不一致和利益冲突，规避不确定性带来的风险，防止被鞭打快牛，缓解业绩评价的压力，信息不对称，等等。

预算博弈的最大危害就是，追求最低指标和最低绩效。没有人围绕目标找方法找措施，而是为打压目标找理由找借口。

当然，预算博弈也不是一无是处，否则这种方法怎么会有那么多的企业采纳呢？它的优点包括：简单易行，便于应用；沟通协调，传递压力；信息披露，消除障碍。上下级之间经过反复的讨价还价，上级逐渐了解了下级的运行环境和运作情况，可以有针对性地提供资源支持和管理建议，也便于执行过程中的监控；下级逐渐理解和认同上级的目标与要求，也会尝试着从上级的角度重新审视运行环境和运作情况，做到更加理性、客观、全面。

很多企业预算博弈的目的就是上下级达成预算目标的共识，这是远远不够的，必须往前再走一大步：会议上半场讨价还价结束了，下半场的主题是聚焦下级提出的各种困难、挑战、障碍，双方就如何克服这些问题找方法找措施，展开头脑风暴，创新行动方案，配置相应资源。

三、预算目标制定的两种流程孰优孰劣

目标制定有自上而下和自下而上两种流程。如图3-6所示，自上而下是以董事会为主导下达目标给管理层论证、反馈；自下而上是管理层发挥主观能动性，自我设定目标，上报董事会平衡、审批。

两种流程除了起点不一样，中间过程基本一致，至于哪一种更好，其实差别不大，取决于董事会和管理层的偏好。

自下而上的流程对董事会而言可能有一点好处，管理层上报的预算方案如果正好符合董事会的预期，可以不做任何修改，直接审批下发。预算目标就是管理层自我承诺要实现的目标，既然承诺了，管理层就会主动承担责任。

企业不同，预算目标也不一样。一般企业都会把销售收入或利润（税前利润/净利润）作为主要预算目标，上市公司会补充另一个指标——每股收益，国有企业则会将净资产保值增值指标放进来。

不管是哪一种流程，我们在设定预算目标值时都需要考虑一项要求、两个维度和三大原则。

一项要求：以资源和信息的综合平衡为基础，深入分析机遇和风

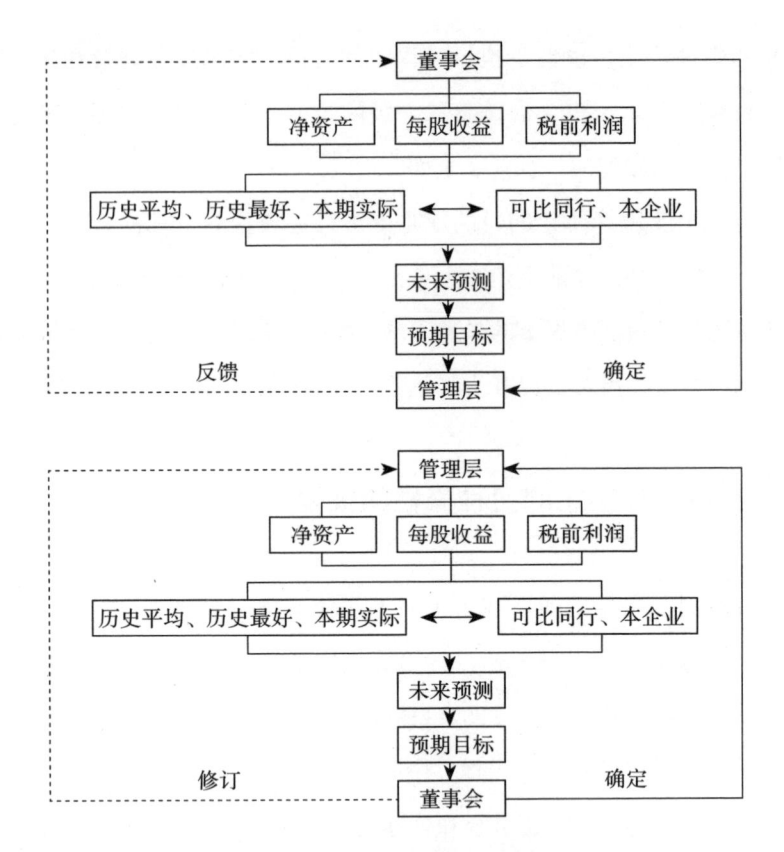

图 3-6　目标制定的两种流程

险、优势和劣势等，并且相关部门和相关人员应共同参与，充分讨论，达成共识。

两个维度：一方面跟自己的历史数据做对比分析，包括本期实际、历史平均、历史最好等；另一方面跟行业数据进行比较分析，包括行业平均、行业先进等。

三大原则：一是股东期望原则——预算目标必须符合股东对投资回报的需求，预算方案最终要报经股东会审批；二是充分挖潜原则——预算目标必须有一定的挑战性，用上一年同样的方法最多只能完成80%，其余部分必须靠行动方案的改善和创新来实现；三是市场竞争原则——要符合市场客观需求，以市场预测为基础，包括产品市场、物料市场、劳务市场和资本市场等。

四、公司目标分解的重要性和操作要点

公司层面的组织目标一般是营业收入目标和利润目标，如何将这一目标在各个业务单元、各个职能部门分解落实？

1. 目标分解的惊人效应

案例 3-7

某公司产品的零部件基本上都是进口的，有一年，采购总监参加了一次全国性的行业展览会，发现其产品的一个主要零部件实现了国产化，就把这个零部件带回来交给研发总监，希望技术部门研究一下是否可以替换昂贵的进口件。没想到研发总监根本就没把它当回事："这个东西哪里来的？技术可靠吗？质量稳定吗？工艺成熟吗？哪儿拿来的，你放回哪儿去吧！"

第二年公司实行预算管理了，给了研发部门一个降本指标，要求研发部门在预算年度降低产品成本 2000 万元，超过 2000 万元的部分按 10% 给研发部门计提奖励，其中研发总监个人占 60%，其余 40% 由研发总监在部门内部进行分配。研发总监二话没说，立即跑去找采购总监问："上次那个零部件还在吗？"

经过产品测绘和技术论证，证实那个零部件可以替换进口件。研发总监又去财务部门询问，这一物料变更按照当时的销量情况可以降

低多少成本，财务部门测算大约能降低成本 1000 万元。研发总监临走前表示，希望财务部门从产品成本核算和成本分析的角度，帮他们梳理一下研发降本的方向和思路。

你看，各部门有了分解目标，顿时有了动力，就会自动自发地围绕目标找方法找措施，激发团队的活力和创新，直到完成目标。个人和团队在动力机制的驱动下，潜能就被充分调动起来了。

之前我们提到，目标可以分为底线目标、进取目标和挑战目标，各公司可以根据实际情况灵活规划这些目标，合适的才是最好的。

案例 3-8

我们有家客户在浙江某银行有 2000 万元的流动资金贷款，贷款利率是 8.3%！我们问他们的财务总监，利率为什么这么高，没想到财务总监满脸轻松："钱老师，我们公司所有的担保、抵押都用光了，其他银行都不肯给我们公司授信，只有这家银行愿意贷给我们，但是 8.3% 的利率没的谈。如果一定要把利率砍下来，他们就不放贷，我们的资金链就危险了。"

他说得振振有词，我也无力反驳。

我们建议给财务团队分解下达降本增效预算目标，具体的做法打破了常规。底线目标为 0，财务团队就算没有降本增效，也不给予任何处罚；进取目标也没有具体的金额，按阶梯分享增量收益：100 万元以下按 5% 奖励，100 万~300 万元的按 10% 奖励，300 万~500 万元的按 15% 奖励，500 万元以上的按 20% 奖励。

财务总监马上在财务团队内部下达目标，将他的日常工作分解给财务人员，并承诺将公司的奖金五五分配，他自己则一门心思去降本增效，全力以赴地为公司创造价值：如何减轻税负？如何减少利息？如何控制损耗？

他经常去跟各大银行交流，终于捕捉到一个非常有用的信息：企业只要获得专精特新的资质，银行贷款就不成问题，不需要担保、抵押，而且贷款利率可以是基准利率甚至更低。因为国家在信贷政策和其他方面大力支持、扶持专精特新企业的发展。

经过一段时间的资料准备和上报，专精特新申报成功。至此，企业融资的局面完全打开了，不再是企业求银行放款，而是银行找企业贷款。化被动为主动以后，企业偿还了前述银行的贷款。该银行希望好好商量、继续合作，主动将利率从8.3%调整到了3.8%。

如果没有降本增效的分解目标和绩效策略，财务总监就会陷入日常工作当中不能自拔，思维局限了，方法固化了，认为银行的利率高不仅不是问题，还得感谢他们的救命之恩。现在的财务总监不再找理由找借口了，而是不断地找方法找措施，目的是通过降本增效为公司创造价值，从而一起分享增量收益，达到双赢的结果。

2. 目标分解的注意事项

将公司目标分解到各分/子公司、各业务单元、各职能部门的时候，需要遵循以下五个原则：

① 千斤重担众人挑，人人头上有指标；

② 按分/子公司、职能部门和业务单元分解；

③ 全部分解，不留死角；

④ 横向到边，纵向到底；

⑤ 分项目标之和适当高于年度目标。

同时，还要注意两个方面。

第一，在目标分解的过程中，不要把分解当作简单的分拆。假设有 1 亿元的销售收入目标，有 5 个大区经理，每个人分 2000 万元，总部为了保证达到目标，又给每个人加 10%，2000 万元变成 2200 万元。大区经理拿到 2200 万元的目标，继续往下分，给下面 10 个业务员每人分 220 万元，为了保证任务完成，再加码 10%……这是不对的。

分解是什么？假设要做到 1 亿元，那它前面的动作是什么，里程碑式的指标是什么？比如客户数、客单价，或者某一关键转换率。然后再往上一层继续问，实现关键转换率、达到客户数的里程碑式指标是什么？……

第二，分解公司的年度目标，首先需要根据预算单元的控制范围和责任对象，对预算单元进行分类，一般分为投资中心、利润中心、成本中心，不同的中心应当赋予不同的分解目标。成本中心一般只对成本负责，无须对利润目标和投资效率承担责任；利润中心既能控制成本又能控制收入，主要对利润目标负责；投资中心既能控制利润，还能决定资产的投入，所以不只要对利润目标负责，还要对投资报酬率负责。

3. 目标分解的思考维度

公司的年度经营目标确定下来了，就要在各分/子公司、职能部门、业务单元之间进行分解。分解得当，就能有效支撑公司目标完成；分解不当，公司目标就失去了承接和保障。但是我们在做咨询项目的过程中，常常发现企业的目标分解环节问题很多。例如，财务部门分解目标的时候，列出了这样的目标：每月 15 日之前完成纳税申报，25

日之前完成上月的凭证装订归档，每季度组织一次财务分析会议，每天上班不迟到不早退……请问，这些分解目标能支撑公司战略落地吗？能帮助利润目标达成吗？但是为什么会把这些东西放进来？因为害怕考核。他们觉得，这些日常事项总是能完成的，考核这些自己能顺利过关。

山西有一家企业，规模不小，年销售额两三百亿元。这么大的企业，采购总监在做预算目标分解的时候，第一个目标竟然是采购部门要出台五个采购管理制度！其实，采购部门最大的目标应该是采购降本，就算只是降本1%，也能为企业创造利润一两亿元。

所以，公司在目标评审环节，重点要关注大家有没有把日常工作、常规事项放进来，分解目标能不能支撑战略落地、目标达成。如何评判分解目标的关联性、合理性呢？以下七个维度是分解目标合理性评审的思考方向（见图3-7）：能否支撑公司战略的落地？能否帮助年度目标的实现？是领导单独提出的要求吗？是公司部署的专项工作吗？是部门职责的重点事项吗？是去年问题的整改重点吗？是横向部门提出的需求吗？

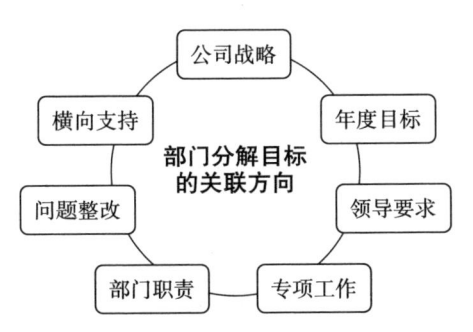

图3-7 分解目标合理性评审的思考维度

拿横向部门的资源需求举例：假设公司明年销售收入要增长50%，主要依赖于新产品的投放和新市场的开拓，那么新产品开发就必须作为研发部门的重点分解目标。如果一家公司的销售额不能快速增长、货款不能及时收回是因为产能跟不上，产能瓶颈又在于原材料供应不及时导致生产经常处于停工待料状态，而供应问题主要在于采购付款拖欠太久，那么资金管理和资金平衡就必须作为财务部门的头等大事来抓。这样一来，才能打开管理死结，进入良性循环。

案例 3-9

一次在宁波培训，课间有位财务总监和我交流："钱老师，不要说去评审其他部门的分解目标是否合理，我连财务部门自己的目标都设定不好。你能不能给我一些KPI指标库，让我借鉴和参考？"

我告诉他，这些意义不大，他应该结合企业的实际情况制定指标。接着我又问他，他们总经理对财务部门有没有提过具体的要求，他竟然说总经理要求财务部门做好闲余资金理财工作，这真是让我大吃一惊。

他说，他们是××航空旗下的一家子公司，实缴注册资本10亿元，想拿三块牌照运营业务，可由于种种问题，三年下来，一块牌照都没拿到，当初设想的业务一直不能开展，但是有10亿元的真金白银躺在银行账户里。这也难怪他们做不好目标设定了。

目标的分解、目标的评审，一定要结合企业的实际情况，千万不要照搬、照抄、照套。

4. 职能部门的目标体系

建立企业的目标及目标分解体系十分重要，这是预算编制流程的第一步。但是目标及目标分解体系的建立，非常依赖对行业、企业的特点、运作方式和业务流程等有深入的了解和深刻的体验。预算目标体系不必追求"高大上"，更不要赶时髦，合适的才是最好的（见表3-3）。企业所处的行业千差万别，所处的发展阶段前后不一，企业的经营管理特点和风格迥异，运作方式和业务流程也各具特色，所以不可能有一套通用的预算目标体系。

表3-3 预算目标设定提醒

状态	推荐指标
初创期	客户数量和销售收入的增长、新产品开发、营销投入等
成长期	客户及员工的满意度、利润、大客户开发、流程效率等
成熟期	收入、利润、成本控制、客户流失、流程效率、转型等
互联网	粉丝数量、会员转化率、重复消费率、用户满意度等
制造业	产能利用率、交货周期和及时率、成本控制、流程效率等
房地产	项目建设周期、建设成本、销售面积、单价、售罄率等

下面针对传统制造业企业如何建立预算目标及目标分解体系进行分析，以供参考。

① 公司级目标：销售收入目标、利润目标、净资产收益率指标、经营现金流指标、应收账款管理指标、存货管理指标、成本费用控制指标（费用占收入比）、产品竞争能力指标（产品毛利率）等。

② 部门分解目标。

生产部门：生产产能、交货及时率、产品合格率、废品率、材料利用率、设备利用率、安全生产、制造费用控制、劳动生产率、存货周转率等。

采购部门：采购降本指标、采购交货及时率、采购付款、承兑付款占比等。

人力资源部门：职工人数、工资总额、员工满意度等。

财务部门：资金筹集、现金流量、财务费用、各项税金、资本结构等。

仓储部门：存货周转率、存货积压、账实相符率等。

研发部门：新产品开发、研发降本指标、研发经费投入产出效率等。

销售部门：销售收入、应收账款、费用控制、价格管理、客户满意度等。

建议公司级和部门级的预算目标不要过多，否则太复杂，重点不突出。一般预算目标控制在三个以内，不超过五个。

综上所述，建立预算目标体系的时候要注意四点。第一，要分解目标而不是分拆目标。第二，业绩指标不宜过多，三五个足矣。第三，在业绩指标中，要明确什么是加分项、什么是减分项。比如要发奖金，肯定要有收入、有利润，因为这是奖金的来源，是加分项；但是有些指标，更多是作为减分项来设计的，比如风险控制指标、费用控制指标等。第四，在预算目标分解过程中，必须广泛征求意见，加强沟通，力求相互理解，达成共识，注意运用空白原则和拉近法则。

编写计划

一、没有行动方案的保障，预算就是数字游戏

前面我们曾多次强调，预算是基于目标的——保障目标的顺利实现，预算是基于业务的——保障业务的资源需求。所以，没有目标，不要做计划；没有计划，不要编预算。否则，预算就是无源之水、无本之木。

可是有太多的企业在编制预算的时候，目标不明，没有计划，而是在上一年数据的基础上加加减减，得出预算，这是典型的数字游戏。比如市场部门参考上一年实际产生的 800 万元广告费，制定了下一年 1000 万元的广告费预算，但是对这 1000 万元要干什么、怎么干、干完了要达到什么效果，都没有设定，没有思考，如果公司同意了这个预算，就等于告诉市场部门，下一年的任务就是把这 1000 万元的广告费花完。那么，一个只管花钱爽快、不管花钱目的和花钱效果的部门，最终会产生什么样的效益？

案例 3-10

有一位培训老师曾经和我们分享过他的一段亲身经历。

一家企业请他给财务人员上课，约定上课时间是 9 点。8 点 45 分，

老师准时到达培训会场，看到现场已经布置妥当。但是到9点了，除了老师和他们公司的培训主管及服务人员以外，一个学员都没有来。培训主管安慰老师说："您别急，我们公司就是这样，说9点上课，9点半人能到齐就不错了。您慢慢喝咖啡。"等到9点15分，50人的会场一共才来了10个人。开始上课之后，老师在上面讲，学员们在底下也讲，老师基本上是自说自话。讲了一会儿之后，老师走到学员身边，问他们在聊什么。学员们有点不好意思，老师说："没关系，主要是我也想跟你们一起聊聊。"然后大家就坐在一起天南海北地聊，反正没有一句是有关那天的培训主题的。

中间休息的时候，培训主管又来安慰老师，让他别生气。这个老师心理素质很好，也没计较，只是问培训主管："就你们员工的这种状态，公司还搞培训干吗？"培训主管说："老师，您不知道，我们有这个培训预算，必须花掉。到时您把课酬费拿走，我们就把我们自己的工作做完了。"

这个例子充分说明，预算管理没有行动方案就一定是数字游戏。

案例3-11

我们公司有个成本主管来向我请示："钱总，有一个讲成本管理的老师，大家都说他讲得很好，我想去听听，提升一下成本管控的技能，就是要花两天的时间和5000元培训费。"我当场表示同意，紧接着我问他："如何保障培训的效果？你看，目标、计划和预算的思维模式是不是立即可以应用一遍了？目标是学有所得，预算是两天时间和5000元费用，请问计划呢？保障学有所得的行动方案是什么？"

第三章 预算编制

他说没想过。我说:"你是没想过,我倒是帮你想过了。平时上班要打卡,终于培训这两天不用打卡了,可以睡到自然醒。培训早上9点开始,你10点才到培训会场,结果一听老师讲得也不怎么样,你就在那儿玩微信、刷抖音、炒炒股、睡大觉。那么预算不是白花了?培训也是白参加了?"

他赶紧说:"钱总,我不会这样做的。但我确实还没想过行动方案。"于是我又说:"那我帮你想一招吧。学成归来后给我们财务团队做半天的内训,你看可以吗?"没想到,他嫌太麻烦,说不去培训了。

听到这里,我又梳理了一遍目标、预算和计划。

目标:这个时候,目标从学有所得变成积极主动、自动自发地去参加此次培训。

预算:还是两天时间加5000元培训费。

计划:行动方案在哪里?你没有合理有效的行动方案,预算就白花,目标就落空。

我赶紧在电脑上调出员工信息登记表,把他的档案快速浏览一遍,然后跟他交流:"小张,你来我们公司三年八个月了吧。因为你的专业能力很强,我一直在关注你,想一有机会就提拔你做子公司的财务经理。但是成本主管和财务经理这两个岗位,对能力素质的要求是不一样的,财务经理更需要沟通协调能力、引导培训功底,这些方面其实是你的弱项。我希望通过内训,迅速补齐你的短板。而且,作为财务团队的一员,你是不是应当向没有机会出去参加培训的同事分享一下呢?"

听我这么一说,他一下子像被打了鸡血,情绪高涨:"请钱总放心,我一定认真听课,一定不辜负您的信任!"

那两天,小张非常认真地参加了培训。可过了一个星期,小张还没有主动给财务团队做内训,我就问他怎么回事,他说,老师讲的那些知识点,有些他还没完全搞明白,他又买了几本成本管理的书,想再花一个星期的时间,把知识点理解透彻了,再和同事们做分享。

大家看,这次培训效果好不好?这样的培训效果是行动方案保障出来的。当然,学有所得、学有所获、学有所成不是我们培训的终极目的,学以致用才是我们最终想要的。他如果听着激动,回来一动不动,甚至干脆跳槽到竞争对手那边,那我们花钱让他去培训不就颗粒无收了?所以,关键是要有行动方案保障他尽快学以致用。

通过以上两个真实的案例,我们不难明白,以后在企业内部组织培训,为了达到培训目标,为了预算不打水漂,一定要紧紧围绕以下三个问题寻求行动方案:如何保证参会率?缺席人员怎么办?如何做到培训效果最大化?

更进一步,一个具体的行动方案一般应当包括七个要素(见图3-8):为达成某个目标,要做哪些事情?做到什么程度?由谁来做?何时完成?怎么去做?需要投入多少资源?风险如何控制?

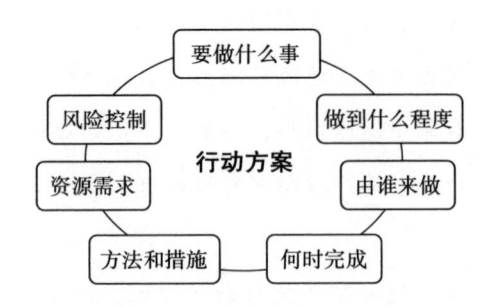

图3-8 行动方案的七个要素

案例 3-12

这里介绍一个发挥预算激励机制，创新营销行动方案的真实案例，发生在加拿大一家航空公司——西捷航空。它每年要花将近 5000 万欧元去做形象宣传推广，老板觉得花了没什么效果，不花又担心营业额会下降，不知道如何是好。

这个时候，他们运用预算管理上的分类目标引导法，制定了一个挑战目标：如果有人能想到更好的方法来做宣传推广并达到同样或更好的效果，公司承诺将奖励预算节约额的 50%。

圣诞将近，节日的氛围弥漫在大街小巷，终于有一个业务员形成了联想，产生了创意：我们能不能在圣诞节之前做一个活动，然后把它拍摄成视频，换一种方式来传播呢？方法上的最大创新就涌现了，西捷航空因此为乘客们创造了终生难忘的圣诞奇迹。

他们是这样组织线下活动的：圣诞前夕，机场工作人员将一个巨大的"蓝色礼盒"秘密送往候机大厅。第二天，候机中的乘客们被这个巨型礼盒吸引，原来这是与"圣诞老人"进行交流的电子屏幕。乘客只需要扫描自己的登机牌，屏幕中就会出现一位蓝衣圣诞老人，他不仅知道乘客的名字，还会询问该名乘客想要什么圣诞礼物。乘客们纷纷走到屏幕前，向这位笑容可掬的圣诞老人说出了自己的圣诞礼物心愿。小到玩具、运动装备，大到大屏幕电视机，这位圣诞老人收集到了一张长长的礼物心愿清单。如果在无聊的候机时间中，能和圣诞老人开心对话已经让人欢乐不已，那么接下来发生的事就更让人惊喜了。飞机降落，乘客们像往常一样在传送带旁等待自己的行李。信号灯亮起，音乐声响起，空中飘起雪花，圣诞奇迹登场！一个个包装精美的礼物出现在传送带上，等待被主人认领。幸福来得太突然，乘客们万万没想到几小时前许下的圣诞愿望居然真的变成了现实。在拿到专属礼物的那一刻，大家脸上满是惊喜和感动。

西捷航空将这次营销活动拍摄成视频，并放到网上，短时间内迅速获得了 3600 万的浏览量。这次活动花了多少钱？大约 500 万欧元。因为活动中没有邀请任何大牌明星参与，赠送的礼品也花费不多，大部分是普通的圣诞节礼品，比如帽子、鞋子、袜子、手套之类的，最贵的礼品只是一台电视机而已。

看来，人们应该被预算驱动着去创新行动方案，调整动力机制，发挥潜能和创造力，而不是被有限的资源束缚住手脚。

在明确目标的基础上，重点是编写工作计划，即思考行动方案（方法措施、业务路径），再据此给予资源支持即预算（资源路径），这才是一个完整的预算编制流程，才能保证预算不会沦为一场数字游戏。其中，计划在目标和预算之间发挥着承上启下、承前启后的关键作用。计划一定要有创新的行动方案，引导大家在做事花钱的方式方法上不断地调整、改进、优化、创新。这是预算管理的本质特征。

二、既然计划赶不上变化，为什么还要做计划

在推行预算管理的企业里，销售部门常常会对预算管理发出质疑，理由是市场变幻莫测，销售做不了预算，也没必要做预算。

在这一谬论下，企业的预算管理往往会经由如下轨迹走向失败。

市场总在变，销售预测不准。生产预算以销售预算为起点，采购预算又以生产预算为依据，一旦销售预测不准，生产预算、采购预算就跟着不准。因为产、供、销预算不准，导致预算和实际偏差太大，

以致全面预算管理毫无成效。

企业里也有其他部门和销售部门一样，强调自己的特殊性和不确定性，认为预算管理在他们部门做不下去，并且也没必要做。

作为专业人士，销售人员有专业知识和精湛技能，有多年的市场经验和敏锐的市场感觉，凭借这些知识和经验，排除市场上的一些变化因素，其实他们会发现局势并不像想象中的那么吓人。

所以我们要求销售人员在观念上进行重大调整：把变化纳入计划，让一切尽在掌握。

- 接受变化，拥抱变化，适应变化；
- 扫描环境，发现变化，应对变化；
- 根据环境变化及时、快速调整计划；
- 强调业务的判断能力及自主判断；
- 追求判断准确性而非预算精确性。

海尔创始人张瑞敏曾经说过："管理者需要完成的重要工作之一就是预测变化，规划未来。"要做到这一点，必须有洞察力和趋势分析能力。

现代管理学之父彼得·德鲁克也说："管理者五项基本职能中，计划能力是最重要的，排在组织、指挥、协调、控制等管理职能之首位。"

如果因为市场变化而放弃计划，影响的是销售额。所以，必须让销售人员认识到自身不足，提高市场掌控能力，以合理的计划指导销售活动。

正确看待计划赶不上变化后，应该怎么操作呢？建议如下：

第一，让最了解市场的人员来做销售预测。财务部门可以提供历史数据，但是不能进行销售预测。不要让销售部门借口说财务部门做的预算不切实际。

第二，财务部门配合业务部门，提供历史信息。这个产品之前的销量怎么样、盈利状况如何等，财务部门主动把这些信息提供给销售部门，让他们对市场前景做预测。要定位准确，各司其职。

第三，通过培训，让销售人员掌握和灵活运用预测方法。如果销售人员说不会做预测，那么应对他们进行这方面的培训。

第四，考核预测质量，评价销售人员的市场掌控能力。如果一个销售经理对市场的预测比较准确，那么他一定是卓越的销售经理。因为他对他管辖范围内的事情把握得很充分，能够及时捕捉市场的变化。对销售预测的质量进行考核，评价销售人员的市场掌控力，会促使他们去学习、去提高。

那么，预测质量考核应该怎么做呢？

首先，销售人员进行预测时，除了给出预期数字，还应该给出预测的理由和依据。销售人员进行产品预测时，一般都会将销量和销售额按产品、区域、业务员等维度进行分类，仅仅这样做是不行的，因为这只是给出了一串数据，数据背后的理由呢？你要达到什么目的，你计划做哪些事情，如何去做，都要清楚。

其次，对销售预测结果进行跟踪，与实际情况比对，并与绩效挂钩。比如每个月或每个季度开一次销售分析会，要求他们对预测的数据和实际的结果进行差异分析，弄清楚问题出在哪里，讨论接下来怎么办。长此以往，销售人员的能力得到了提高，对市场的把控就能到位了。

最后，对销售预测结果定期总结、分析、改善，分享成功典范，剖析失败案例。业务员大部分是单打独斗型的，依靠团队作战的比较少,管理团队的能力比较弱。比如有一个业务员,经过公司前期的铺垫,500万元的订单已是板上钉钉的事,可是他在后续的跟进中竟让煮熟的鸭子飞了,在定期的销售会议上,就应该让他剖析丢单的原因并吸取教训。另一个业务员当月不声不响拿下一个500万元的大单,是不是应该邀请他来分享一下成功经验?通过这种定期的经验交流和心得体会分享,销售人员的能力素质就会得到整体提升,散兵游勇的销售个体就凝聚成了一个团队。

三、杰克·韦尔奇提升公司业绩的六大行动方案

预算编制阶段的主要工作就是围绕预算目标的实现,设计和创新业务路径、资源路径。在这一阶段,大家的思维常常被局限住,容易因循守旧,惯性行事。这里给大家介绍杰克·韦尔奇总结的提升业绩的六大行动方案,让大家能够深刻理解行动方案对达成预算目标的重大支撑意义。

1. 为公司注入新鲜血液,引入全新的视角

招聘新人,聘用新经理,并不全是因为新人可以带来新的管理技能,而是因为新人往往可以打破惯性思维,能够用全新的视角去看待公司,分析公司现状,并思考可能会变成什么样子。

案例 3-13

这是一个运用拉近法则,创新突破销售瓶颈的案例。

财务部门在做半年度财务分析的时候,发现有一家子公司的销售

额连续多年没有增长了，我们认为该公司遇到了业绩瓶颈，于是向公司上报了我们的财务分析结论。没想到总经理竟然责怪财务部门无能："你们财务部门常常干一些马后炮的事情！这家公司的销售有问题，两年前我就发现了，还需要你们通过财务分析，郑重其事地告诉我吗？我想知道的是，到底该怎么解决这个问题？"

我们很想帮总经理解决这个心头之患，但是除了懂点财务，我们对其他的事一窍不通。直到我看到杰克·韦尔奇的六大业绩提升方案，思路立即打开了，方法上的最大创新就出现了：如果引进一名能力强的销售副总，为公司注入新鲜血液，是不是这个问题就能迎刃而解呢？这其实也是拉近法则在实际工作中的运用：你只要很想做好一件事情或完成某个目标，就会对外部环境非常敏感，一有风吹草动，就能产生灵感并抓住机会，于是方法上的最大创新就出现了。

经过调研，我们发现，这家公司的销售副总几年前离职了，现任销售副总是原生产副总临危受命过来顶缺的，而且他已快到退休年龄了。目前的销售团队暮气沉沉，看不到业务员应有的激情。开发市场、争取订单、催收货款及团队管理等方式方法，都一成不变地沿袭以前的做法。这样看来，销售业绩连续多年停滞不前也是可以理解的。

这个时候如果引进一名能力强的销售副总，鲇鱼效应立即就能激活整个销售团队，并能够刺激大家一起提升专业能力，方式方法就能优化、创新。

总经理很快采纳了我们的提议，一年不到的时间，焕然一新的销售团队把销售收入几乎翻了一番！

2. 要集中资源办大事，不要分散力量

大多数公司用于实现目标的资源投入预算总是显得不够用，资金都是有限的，这是无法改变的事实；但公司往往又会多面下注，将有限的资金平均分配给各个部门。这种做法由来已久，最终的结果是增长无力。而有效增长的做法是必须集中力量办大事，用压强原则先突破一点。

3. 重新定义创新，让每个人都参与其中

把创新定义为"渐进式改进"，只有这样才最有可能实现创新。创新是一种心态、一种工作方式，每个员工，无论职位高低，从每天踏进公司大门的那一刻起就应该开始思考如何创新，心想"我今天要找到一个更好的工作方法"。创新不是爱迪生、爱因斯坦、乔布斯们的专属领域。不要把创新定义为重大的、颠覆性的突破。这样的创新标准的确太高了，它把太多的人挡在了创新的门槛之外。创新可以是一种循序渐进的、持续不断的改进，它可以是工作流程的优化、工作效率的提升、工作方法的改善。比如，把财务报表的提交日从每月15日提前至每月10日，把存货周转率从五次提高到六次，让客户满意度提高5%，等等。创新需要企业文化的认可，公司要及时鼓励、肯定、表扬员工取得的点点滴滴的进步。

4. 利用最优秀的人才实现增长计划

增长不会自动实现，必须在优秀人才的带领下才能实现。招10个平庸的人不如招一个优秀的人。平庸的人每年每人完成100万元的销售额，优秀的人一人一年完成1000万元的销售额。

5. 为员工提供好的薪酬

要刺激公司营收的快速增长，与时俱进的考核评价与薪酬体系是不可或缺的。以销售额、利润和新客户增加情况作为评价依据，将有助于公司的收入和利润的大幅提升。

6. 在公司内部形成共识，消除来自内部的阻力和障碍

企业变革过程中，有些老员工会抵制新计划，在他们的思维中，制订新计划是有风险的，不值得公司投入那么多的资金和精力。他们讨厌新计划，他们可能会保留重要或有用的信息或想法，然后找到1000个不配合、不协作的方法，从而降低增长计划的成功概率。对此，要识别、化解他们的不满，想办法让他们主动改变。不管采取什么策略，要记住一点，每个增长计划都会面临激烈的外部竞争，领导者的职责就是确保公司内部不存在任何竞争。这里有一个撒手锏：将这些保守派人员的大部分奖金与业绩增长计划挂钩。如果这也不奏效的话，那就必须让他们离开公司了。

以上六个方案不仅仅是方法，还是一种思维模式，是有效和可行的。在现实中促进业绩增长的方法还有很多，像卓越的领导力、卓越的团队、卓越的战略、大数据处理技术等，都会促进业绩增长，如果将这些方法配合上述六个方案，并结合企业的实际情况和需要有选择地进行组合运用，将对公司业绩的增长产生巨大的作用。

四、如何编写公司层面和部门层面的计划体系

公司级和部门级的计划体系是目标体系业务路径上的保证和支持。

以下就如何建立相应的计划体系，给大家一些参考。还是那句话：合适的才是最好的。所以务必因地制宜、量体裁衣，具体问题具体分析。

1. 公司级计划体系

（1）公司战略发展规划

① 环境分析；

② 竞争分析；

③ 资源分析；

④ 企业定位；

⑤ 企业使命；

⑥ 企业愿景；

⑦ 战略目标；

⑧ 经营模式；

⑨ 核心竞争力。

（2）公司年度经营计划

① 销售计划；

② 生产计划；

③ 物资供应计划；

④ 新产品计划；

⑤ 劳动工资计划；

⑥ 成本费用计划；

⑦ 财务计划；

⑧ 人才培养和能力提升计划；

⑨ 内部运作流程改善计划。

2. 部门级计划体系

（1）市场部门计划

① 客户信息管理计划；

② 目标消费者管理计划；

③ 消费者需求挖掘计划；

④ 营销管理计划；

⑤ 品牌建设计划。

（2）销售部门计划

① 销售价格、折扣和佣金计划；

② 应收账款货款回笼及信用管理计划；

③ 销售费用计划；

④ 新产品、新市场开发计划；

⑤ 广告和宣传促销费用投放计划；

⑥ 销售人员管理与能力提升计划；

⑦ 销售人员绩效考核方案；

⑧ 渠道开发计划；

⑨ 售后服务计划；

⑩ 客户满意度方案。

（3）生产部门计划

① 产量及产能提升计划；

② 生产质量管理计划；

③ 工艺管理计划；

④ 物料管理计划；

⑤ 设备维护保养计划；

⑥ 生产作业进度控制计划；

⑦ 现场管理计划；

⑧ 安全管理计划；

⑨ 环保控制计划。

（4）仓储中心计划

① 物资验收计划；

② 入库管理计划；

③ 出库管理计划；

④ 物资储存计划；

⑤ 物资搬运计划；

⑥ 仓库盘点计划。

（5）采购部门计划

① 采购价格管理计划；

② 采购付款计划；

③ 原材料控制计划；

④ 采购质量控制计划；

⑤ 供应商开发、评估与管理计划；

⑥ 采购降本计划。

（6）研发部门计划

① 市场调研计划；

② 新产品开发计划；

③ 新产品测试计划；

④ 新产品试销计划；

⑤ 新产品上市计划；

⑥ 新产品推广计划；

⑦ 新产品成本控制计划；

⑧ 新产品资源需求计划；

⑨ 研发降本计划；

⑩ 产品生命周期管理计划。

（7）行政部门计划

① 日常接待管理计划；

② 会议管理计划；

③ 办公用品管理计划；

④ 车辆管理计划；

⑤ 后勤管理计划。

（8）人力资源部门计划

① 招聘管理计划；

② 员工培训计划；

③ 薪酬管理计划；

④ 绩效管理计划；

⑤ 人事档案管理计划；

⑥ 企业文化建设计划；

⑦ 劳资关系管理计划；

⑧ 组织机构及调整计划；

⑨ 员工满意度管理计划。

（9）财务部门计划

① 财务人员能力提升计划；

② 预算管理项目推进计划；

③ 会计核算效率提升计划；

④ 资金管理计划；

⑤ 资产管理计划；

⑥ 融资管理计划；

⑦ 税务筹划方案；

⑧ 费用控制计划；

⑨ 成本管理计划；

⑩ 财务制度建设计划；

⑪ 风险控制计划；

⑫ 财务降本计划。

3. 如何编制业务计划以确保部门目标的实现

企业应当给各个部门制定标准的计划模板，指导并约束他们全面完整地思考实现预算目标所需的业务路径和资源路径。预算管理并不能有效解决企业管理中存在的所有问题，但是它能保证提高每个人解决问题的思考能力。

附件 3-1 至附件 3-3 分别为某公司销售计划、生产计划和研发计划模板。

附件 3-1 某公司销售计划模板

一、年度销售业绩及策略回顾

1. 年度销售业绩回顾。

（1）公司销售收入。

	三年前	两年前	一年前	本期	计划	达成率
销售收入						
增长率						
市场占有率						

（2）区域销售收入。

	三年前	两年前	一年前	本期	计划	达成率
广州						
北京						
上海						

（3）产品销售收入。

	三年前	两年前	一年前	本期	计划	达成率
产品A						
产品B						
产品C						

（4）行业销售收入。

	三年前	两年前	一年前	本期	计划	达成率
电力						
电信						
交通						

（5）产品利润贡献能力。

	产品 A		产品 B		产品 C	
	实际	预算	实际	预算	实际	预算
销售收入						
销售成本						
毛利						
毛利率						
销售费用						
销售费用率						

2. 年度策略回顾。

策略	策略结果

3. 存在的问题。

	业绩问题点	背后原因
整体业绩		
市场占有率		
区域状况		
产品状况		
行业状况		
产品贡献能力		
市场推广		
产品宣传		

二、设定营销业务目标

根据外部环境分析及内部资源评估,我们明确了产品及企业的市场地位,营销人员要确定年度目标,简单地说就是明确企业期望的市场地位。

1. 表现期望的市场地位的方式:

(1)市场占有率30%;

(2)连锁店数量领先竞争者;

(3)推出新产品X,期望在A区域市场获10%的市场占有率;

(4)产品组合胜过同业;

(5)持续有高品牌价值、高价位的产品;

(6)售后服务持续维持90分以上的满意度。

2. 设定营销目标可采取的步骤:

(1)明确营销目标在实现企业策略目标与策略计划中承担的责任;

(2)指出企业在哪些市场销售,以及有哪些具有潜力的市场;

(3)预测市场潜在需求量及各区域市场的占有率,并选定目标市场;

(4)分析各个市场客户的需求及欲望;

(5)指出各个市场竞争状况,并剖析各厂商在各个市场的优势及劣势。

三、制定营销业务策略

1. 市场策略。

业务策略以市场为导向,在于确定企业今后要对哪些客户提供产品和服务。我们有三种市场选择方案。

(1)全部市场。

(2)区域市场。

(3)市场集中策略:选择一个区域市场全力以赴,争取最大的市场占有率。

2. 竞争策略。

（1）产品卓越策略；

（2）服务至上策略；

（3）成本领先策略。

3. 市场地位策略。

（1）领导者策略；

（2）挑战者策略；

（3）追随者策略。

年度营销业务目标与营销业务策略

目标 1	
业务策略	1. 2.
目标 2	
业务策略	1. 2.
目标 3	
业务策略	1. 2.

四、设计营销行动计划方案

行动方案是为了执行策略而做的，它能更明确地规划出企业要进行哪些活动，投入多少人力、物力、财力，在什么时候进行哪些活动，需要多少费用，期望产生什么样的效果，等等。员工有明确的方案在手，彼此间能更容易协调配合，企业也能明确地评估方案执行的好坏及方案是否能产生预期的效能。

不同的策略，会产生不同的营销计划，如：

1. 新产品导入市场方案；

2. 举办大型展示会方案；

3. 年度市场调查方案；

4. 年度广告投放方案；

5. 公益活动方案；

6. 开拓新经销商方案；

7. 客户满意度调查方案；

8. 业务人员训练计划方案；

9. 业务人员竞赛方案；

……

五、初步预算资源需求

略。

附件3-2　某公司生产计划模板

一、年度生产业绩及策略回顾

1. 年度生产业绩回顾。

略。

2. 年度策略回顾。

略。

3. 存在的问题。

略。

二、设定年度生产业务目标

1. 年度生产量、生产值指标。

（1）年度生产量、生产值。

（2）达到年度各产品 Q、C、D 的目标。

① Q（品质）。

② C（成本）：各项产品的成本下降率。

③ D（交期）：指定交期率。

2. 改善生产体制。

（1）完善质量体系认证；

（2）降低损益平衡点；

（3）改善目前的生产体制。

3. 个人产值提升。

4. 技术能力提升。

（1）取得某项技术制造工艺诀窍；

（2）降低制造过程不良率。

5. 生产成本下降。

（1）降低人工费；

（2）库存金额下降。

6. 提升产品试制的效率。

7. 扩大产能。

8. 改善员工工作环境。

三、制定生产业务策略

生产业务策略是通过对产品设计、地点选择、生产制程、材料购置、品质管理、库存策略，以及工厂布置、自动化导入、人力资源、策略联盟、降低成本等因素的调整及决策，以创造生产优势，从而提高企业竞争优势的策略。

生产业务策略一般包括：

1. 对应经营环境、经济结构变化的生产策略；

2. 对应产品生命周期的生产策略；

3. 生产设备的投入策略；

4. 利用外部资源的生产策略；

5. 降低损益平衡点策略；

6. 提高劳工生产效率的策略；

7. 品质保证策略；

8. 成本控制策略；

……

年度生产业务目标与生产业务策略

目标 1	
业务策略	1. 2.
目标 2	
业务策略	1. 2.
目标 3	
业务策略	1. 2.

四、设计生产行动计划方案

略。

附件3-3 某公司研发计划模板

一、年度研发业绩及策略回顾

1. 年度研发业绩回顾。

略。

2. 年度策略回顾。

略。

3. 存在的问题。

略。

二、设立年度研发业务目标

制定年度研发业务目标有三步。

第一步，确定市场需求有哪些需要要靠变动来应对，并观测需求会如何发展。

第二步，确定为了应对市场需求变化，产品在技术上要改变哪些要素、开发哪些技术。

第三步，从基础研究、产品开发、技术改良三个方面，确定如何开发这些技术。

三、设计研发行动计划方案

以结合市场的需求为出发点，定出企业的研发目标，接下来必须经由适当的组织体系，投入人力、物力、财力等各项资源于研发的管理策略。对于基础技术，研发中心要能明确长期的研发方向及方针；对于产品改良、新产品开发等与企业短期的年度目标与预算有直接关系的开发管理工作，必须对时效、费用、进度管理、报告系统、责任、权限等要有明确的规范，并有明确的企划方案可供追踪与评估。

1. 研发综合计划。

研发综合计划主要规划今年研究发展投入的活动项目，包括基本研究、产品开发及改良。

2. 研发项目计划。

（1）产品规划：准备做什么样的产品，以及准备用什么样的技术去实现这一预想。涉及的主要活动有：

① 技术风险的把握；

② 品质、成本、期间目标的设定；

③ 设定品质目标。

（2）基本设计：进行系统功能设计，并确认品质、成本和期间目标完成的标准。涉及的主要活动有：

① 索要零部件的展开表；

② 原始模型的设计与测试；

③ 制作性能规格说明书；

④ 操作性、安全性与维护性检查。

（3）量产设计：确保量产可能性的详细设计，并进行试产。涉及的主要活动有：

① 工艺模型的设计与测试；

② 确定产品设计图；

③ 操作性、安全性与维护性检查。

编制预算

一、公司预算编制实践中突出的问题是什么

根据我们的经验，大部分企业预算编制过程中最突出的问题是，没有目标，没有计划，就开始在上一年数据的基础上编制预算，以致预算成为面向过去的数字游戏，而不是为未来而思考、为未来而准备、为未来而行动。

另一个比较突出的问题是，业务部门为了用公司的资源推动自己的部门目标顺利实现，在预算编制阶段拼命抢占资源，毫不留情地将资源分光、吃光、用光；于是老板干脆剥夺了他们编制预算的权利，让预算编制回到财务部门闭门造车的局面。

案例 3-14

有一家公司有一年准备实施预算管理。预算启动会一结束，战略发展部门的王总就找到我说："今年你们财务部门负责实施预算管理项目，我表示理解、支持、配合。钱总，能不能提供一下预算编制的模板，方便我把预算编制任务布置下去？"我赶紧把表单模板和编制大纲发给他们。

过了半小时，王总又来了，他说："模板拿到了，谢谢！但我们还

是不知道该怎么编。这样，请你把我们战略发展部门今年每一个人的费用清单打印一下，比如我一年的招待费是多少，一笔一笔是如何发生的。请按费用项目和人员进行分类统计，并给出明细清单。"这个没问题，我马上让财务人员满足了王总的需求。

又过了半小时，王总再次找上门来，他说："钱总，我有没有得第一啊？"我不明白他说什么，财务部门又没有组织过什么考试。王总笑着解释："我们是不是第一个上交明年预算的部门？"好像还真是的，预算启动会才散会一个小时，他就把明年的预算做好交上来了。而且，本来给了大家一个月的时间编制明年的预算，结果其他部门都在一周内把预算表单交上来了，真是出人意料。更让人意外的是，不知道是王总暗地里教他们方法了，还是大家心有灵犀一点通，所有部门的预算编制方法如出一辙。

我静下心来浏览了一遍他们报上来的预算草案，不由得倒吸一口凉气。战略发展部门今年实际发生的费用是250万元，明年预算是500万元，其他部门也一样，一汇总，整个公司今年的费用合计约10亿元，明年的费用预算合计是20亿元。

我赶紧去找王总，问他这个预算到底是怎么编制出来的。王总满脸轻松地说："我跟秘书讲，公司明年实行预算管理了，钱总要卡我们的脖子，那是没办法的，但是我们总不能自己跟自己过不去吧。我建议明年的预算都在今年的基础上乘以一个系数，比如招待费乘以3.0，差旅费乘以2.5，培训费乘以2.0，以此类推，所有费用项目的系数不得小于1.0，否则明年费用不够用，我拿她是问。"

我硬着头皮将公司汇总预算交给总经理审阅。总经理一看就着急上火了："钱总，这就是你一段时间以来主抓预算管理的成果吗？咱们公司不搞预算还好，费用差不多10亿元，一搞预算，费用一下子变成了20亿元。预算管理不但没有引导大家降低成本，反而成为费用膨胀的幕后推手！钱总，我看他们编的预算太不靠谱了，还是财务部门辛苦一下，重新编一编吧。"总经理一生气、一句话，财务部门又只好闭门造车编预算了。

这种传统的预算编制方法，用基数乘以系数，是错误的。因为系数显然缺乏依据，基数合不合理、基数内的业务明年要不要继续，也无从知道，唯一确定的是，所有的预算编制部门根本没有围绕目标来制定行动方案，也没有在行动方案的基础上配置资源。

如何根治这个问题？只需要一招。

公司应当明确要求预算责任人针对所有的费用预算项目，详细说明编制理由和计算依据。如果仅仅是参考历史数据上报一个预测数额，公司一律在其上一年费用的基数上打九折甚至八折，绝对不允许乘以1.0以上的系数。只要做到这一点，费用预算就再也膨胀不起来了。这样做的目的是让大家明白一个道理：预算是基于业务的，而不是基于历史数据的。我们需要知道花这些钱是为了达到什么目标，要做哪些事情，做事的方法是否合理，花钱的方式是否有效。

这里要注意的是，打折只是一种策略导向，预算一旦是通过强制打折编出来的，就脱离了业务的基础和土壤，变成了强制的行政手段。

二、遵循三大规则，预算必定远离数字游戏

1. 谁做事、谁花钱，谁编预算

谁做事、谁花钱，就由谁编制预算，这本来是理所当然的事情，

但是不知道为什么,很多企业竟然做不到这一点。比如,很多总经理会对财务总监说:"年底各个部门都很忙,尤其是销售部门又要拿订单又要催货款,而且他们也不太会编预算,交上来的东西都不靠谱。所以,希望财务部门辛苦一下,加加班,帮他们把预算编出来吧。"不懂预算管理的总经理常常这样瞎指挥,财务总监一般也没能力说服总经理,只能默默地关起门来搞数字游戏。

财务部门做出预算交给业务部门,结果业务部门看都不看一眼就说:"办不了!你们什么情况都不了解,就给我们下任务、派指标,我也给你们下个任务、派些指标行吗?你们财务部门总是站着说话不腰疼。明年的销售目标你们财务部门去完成吧,我们完成不了!"

看到这种情况,财务总监只好灰溜溜地把预算拿回去了。如此一来,预算管理就成了财务部门自娱自乐的一项活动,时间一长,连财务部门自己也觉得非常无聊、十分可笑,最后,预算变成了一场游戏。

那么,如何让公司高管和各部门在预算编制规则上达成共识呢?首先需要理解预算编制的三个基础。

(1)预算编制的三个基础

从责任基础来看:公司给销售部门定的收入预算目标是 1.5 亿元,要求在上一年基础上增长 50%。销售部门如果只是按照上一年的惯性来运作,采用同样的方法来经营,显然是不可能完成这个目标的。销售部门一定要在行动方案上有改善、有创新,在有限资源的约束下,从业务路径和资源路径来证明销售部门是有能力实现销售收入目标的。这是销售部门的职责,不是财务部门的责任。

从技术基础来看:不是财务部门不愿意帮业务部门编预算,实在是财务部门没有这个能力。比如,为了保证销售收入目标增长 50%,

要求生产产能也相应增长 50%。如果让财务部门围绕这个产能目标来编生产预算，请问财务部门在产能提升的业务路径和资源路径上能找到合理有效的方法吗？财务部门的作用在于组织、培训、协调、平衡、汇总、监控业务部门预算编制工作的过程和结果，财务部门没有专业的技术背景和技术能力去找方法措施。

从参与基础来看：全面预算管理的全面是指全员、全方位、全过程，通过预算管理让所有员工养成思考的习惯，提高思考的能力。只让财务部门来编预算，等于只给了财务人员提高能力素质的机会。应该让相关人员都参与相关预算的编制，围绕目标，通过思考，找到合理有效的业务路径和资源路径，从而整体提升企业的经营管理能力素质。

如果业务部门负责人以他们不会编预算为理由推脱责任，财务部门就要严肃地指出问题的要害：你不会编业务预算，就等于直白地告诉老板，你不懂管理，你不称职。

为什么这么说呢？

业务部门负责人是分解目标的承担者，如何判断你是否具备承担责任的能力？需要通过你设计的业务执行路径和资源使用路径的合理性与可行性予以证明。部门预算的编制水平反映了预算责任人的思考能力和管理素质，是检验其履职能力的试金石。

业务部门的预算编制好以后，建议总经理在预算答辩会上对每一位预算责任人进行点评，并由人力资源部门记录在案，作为其今后晋升和培训的重要依据。这样一来，一是总经理清楚了解了下属的管理能力和管理素质，二是没人敢在预算编制阶段马马虎虎、敷衍了事，由此保证了预算编制的质量。

（2）两种变通的预算编制组织模式合理性分析

① 在财务系统下设置预算管理部门。

有些企业从各个职能部门抽调人员，在财务系统中设置一个预算管理部门，由这个部门全权负责公司的预算管理工作。这种预算编制组织模式是错误的。这种做法虽然在一定程度上解决了财务部门编制业务预算的技术问题，但是严重违背了责任基础和参与基础，使用预算的业务部门不编制预算，编制预算的财务部门不使用预算，预算和业务严重脱钩，只能是数字游戏。分解目标的业务部门不去为如何实现目标寻找业务路径和资源路径，基本等同于不务正业，目标不可能自动自发地得以实现；与分解目标毫不相干的财务部门没必要也没能力找到合理有效的行动方案，做预算只能是吃力不讨好。

② 在各职能部门设置预算管理员岗位。

那么，有些企业在各职能部门设置专职或兼职的预算管理员岗位，具体负责本部门的预算编制、组织和管理，这是否妥当呢？对此应当这样理解：在一些规模较大的公司，部门负责人在预算管理上很难做到事事亲力亲为，可能需要为其配备预算管理员，担当助手。预算管理员只能定位于基层操作岗位，帮助各部门的预算责任人处理一些和预算管理有关的日常事务性工作，比如下发会议通知、起草会议纪要、跟踪预算进程、参与预算考核等，但绝对不能授权他们来主导本部门的预算编制和预算管理工作。

有些部门很喜欢让财务人员，如成本会计、应收应付会计、记账会计等担当预算管理员，也有一些部门喜欢起用或培养新人担任预算管理员，其实都走入了误区。预算管理落脚点在于管理，它不是常规的会计核算，不是简单的事务处理，它对个人能力素质的要求体现在两个方面：一是能正确理解预算管理的原理和运行机制，二是必须非常熟悉本部门的业务流程和各项作业。请记住，财务知识并非预算管理员的必备要求。

2. 说明预算编制理由和计算依据

预算编制理由和计算依据，说明了每一个预算数据的来源：编制理由是证明为什么要做这些事情，计算依据证明了为什么要花这么多钱。因为预算是为保障目标服务的，是基于动态业务的，所以需要证明为了实现目标，预算所列的项目是必要的，花钱是合理的。预算管理追求投入产出效率最大化，如何证明投入产出效率最大化？需要各部门给出计算依据。

当企业要求所有编制的预算都必须列出编制理由和计算依据时，预算就不再是抽象笼统的会计科目和简单枯燥的预测数据，而是与部门目标直接相关的、具体的工作事项，是可以判断明确来源的数据。预算表单不再重要，解释项目的理由说明和计算过程才是关键。这样一来，传统的报表加数据变成了数据加理由，彻底改变了预算的表现形式。

编制的预算被要求说明理由和计算过程，以支持所提出预算的正当性和合理性，消除了在没有充分理由和不知如何计算投入量时，预算责任人企图借助抽象名目和历史数据编制浑水摸鱼式预算的可能性。大量既无理由又算不清楚的"灰色"预算被排除在外。

大部分业务部门的负责人并不认为与其相关的成本费用是他们的管理责任。通过预算编制，他们能养成这样一种思考习惯：在考虑其业务活动时，必须同时考虑相应的资源投入，认真计算需要多少资源，而不是简单粗暴地提要求。于是，预算编制成为管理者的管理训练实践。一名能够讲清楚以什么方式、以多少资源来实现其未来目标和任务的管理者，是称职的管理者。该预算规则逼着管理者不断地思考，精细化作业，以体现其管理水平。管理者在预算编制过程中锻炼了管理能力，企业在预算编制过程中考验了管理者的水平。于是，预算编制过程就成为编制者对未来行动的思考过程和决策过程，预算管理创造了考察和培训管理者思考能力的机会和平台。

3. 积极预算规则

积极预算规则，即通过限制预算资源投入的方式来实现成本费用下降的目标，一般以高于上期的经营效率指标作为预算期的管理基础。

很多学员有一个共同的困惑：公司实行预算管理，销售收入总是完不成任务，但各项费用却一点也不少，甚至超预算。利润目标、收入目标（产出类目标）总是完不成，成本目标（投入类目标）却超额了，怎么办？

这个问题在中国企业的预算管理实践中非常典型，这里给大家三个指导性建议。

（1）采用变动预算

上述问题之所以存在，是因为投入和产出没有配比，即没有考虑投入产出效率。投入和产出有两种典型的挂钩方法，一是投入和销售收入比，二是投入和职工人数比。比如销售人员按照资金回笼计提的业绩提成，就是一个非常典型的投入产出效率指标。如果提成率为5%，货款回收100万元，业绩提成为5万元；货款回收1000万元，则业绩提成为50万元，不存在收入目标没完成，业绩提成指标却超额完成的现象。类似的投入产出效率指标还有招待费、广告费、运输费、差旅费、包装费、佣金、人均产值、人均销售、人均工资等。

建议大家参照表3-4，对自己公司的所有费用项目，先按变动费用和固定费用进行分类，然后对所有的变动费用按投入产出效率指标进行预算控制。

表3-4　费用科目成本形态归集表

项目名称	变动费用	固定费用	混合成本		
			分解依据或方法	变动费用	固定费用
招待费			行政部门实行总额控制，销售部门按照销售额提成		
差旅费		√			
办公费		√			
水电费			行政部门和生产车间单设水电表进行统计		
广告费	√				
运输费	√				
……					

在分类过程中，你会发现很多费用项目属于混合成本性质，可以根据公司的具体情况、业务流程等将其划分为固定费用和变动费用。如水电费，行政部门的水电费属于固定费用，生产车间的水电费属于变动费用；再如销售人员的薪酬，底薪部分属于固定费用，提成和奖金部分属于变动费用。

至于固定费用，很难与收入或人数挂钩。比如广告宣传费，公司发生了5000万元的广告投放和形象宣传费用，销售收入目标就一定会实现吗？不一定，由于市场环境的千变万化和竞争对手的策略调整，管理的不确定性风险非常大。所以，对于这一类固定费用，我们建议采用第二种方法进行控制。

（2）实行积极预算

将销售收入目标打折处理，各项费用据此配置。这一招很厉害，这是我们一家子公司的总经理在预算管理实践中想出来的。他的做法是这样的：总公司给子公司下达的销售收入目标是10亿元，他要求在销售部门按12亿元进行分解，在生产和其他行政管理部门按8亿元的产值配置各项资源，包括组织机构、人员三定（定编、定岗、定员）、费用投入等。

在这种预算安排下，如果收入目标未能实现，各项费用一开始就没有按10亿元的收入目标匹配到位，所以利润指标还是有保障的。如果年初不打折配置资源，立即会导致资源闲置、能力空置、费用松弛。

如果真能实现10亿元的销售收入目标甚至更高，此时可能面临产能不足的问题，但是产能不足相比产能空置而言更容易解决。

- 加班加点是最容易想到的办法，配套措施是对员工进行激励；
- 可以考虑一班开两班，两班开三班，充分利用资产周转效率；
- 旺季可以临时增加、借调人员；
- 可以通过工艺、工装、工序的调整和改善释放产能；
- 可以通过外协、外购、外包的方式转嫁产能的压力。

（3）控制投入节奏

各预算项目年度指标确定以后，需要进一步按时间节点在每季度进行分解。一个季度结束以后，拿该季度的销售收入和利润等产出类目标与该季度的投入类目标进行比较分析，针对实际和预算之间的差异，要求业务部门进行原因分析，检讨投入产出效率，拿出改进行动方案，以过程的管理来控制投入的节奏。

三、传统的预算编制方法如何进行调整改善

1. 增量预算法

增量预算法是预算编制过程中最常用的方法,也是预算编制最传统的方法。增量预算法一般是以上一年的实际发生数为基础,结合预算期的业务量变化、成本降低的措施及影响因素的变动情况,通过调整原项目及金额来编制预算。

增量预算法的优点在于方法简单,易理解,好操作,工作量较小。

它的缺点有三个:一是预算容易受到基期不合理因素的干扰;二是受原有费用项目的限制和局限,不利于培养和提高各部门节约成本的能力;三是不符合目标、计划和预算三者的逻辑关系,不容易发挥预算管理保障目标实现和能力提升的作用。

增量预算法适用于编制一些金额不大或性质不重要项目的预算,适用于刚开始推行预算管理的企业编制预算。

它的操作步骤如下:

第一步,详细列出各部门各项目的基期费用发生数清单。

第二步,剔除在预算期内不再发生的业务项目及其金额。

第三步,分析基期业务行为和金额发生的合理性、有效性。

第四步,分析增加的业务行为的必要性及增加金额的合理性。

案例 3-15

案例 3-14 说明了公司不得单纯地采用基数乘以系数的方法编制预算,应当要求预算责任人针对所有的费用预算项目,详细说明编制理

由和计算依据。如果仅仅是参考历史数据上报一个预测数额，公司一律在其上一年费用的基数上打九折甚至八折。

现在第二年预算编制又开始了，还是战略发展部门。王总说："为了提高预算编制效率，也为了控制成本，咱们部门的差旅费上一年实际是50万元，下一年预算数据打八折，定为40万元，怎么样？"50万元降到40万元，感觉也能接受，于是总经理就答应了。后来仔细审查各项费用明细的时候，我发现又上了王总的当。上一年战略发展部门差旅费50万元，其中欧美市场考察专项费用30万元，国内差旅费用20万元。下一年的差旅费预算没有国外项目，40万元全部是国内的差旅费，同比反而翻了一番！

这就是参考上一年的历史数据没有做减法的后果。也就是说，上一年的一些业务行为在预算期内可能不再发生了，必须首先剔除与此相关的费用。

不要总是说别人，就连财务部门自己也会犯同样的毛病。有一次总部召开一季度预算分析会议，会后总经理问财务经理，一季度总部的折旧费用比预算减少10万元是什么原因。财务经理查了一下数据，原来是总经理的那辆公车今年过了折旧年限，账面上不再计提折旧，但是当初编制折旧费用预算的时候财务人员疏忽了，忘记做减法，继续按以前每个季度那辆车折旧10万元做了预算。

在此，我们强烈建议把增量预算法改成增减预算法。增量预算法暗示着每年的费用要不断增加，结果导致费用不断增长。增量预算法最容易掩盖低效率和浪费，其中最典型的问题是，原有的开支项目一般很难砍掉，即使其中一些项目已经没有设立的必要。采用增减预算法编制预算的时候，必须先做减法。那么，减法应该如何做呢？

第一，上一年的每个支出项目是否必要（是否是实现目标和任务必不可少的）？要求每个部门对上一年的每个费用项目都梳理一遍，因为一年过去，事情已办好，费用已发生，应该可以评估上一年的支出项目和业务行为是否必要。

第二，上一年的每个支出项目在下一年度是否仍有继续进行的必要？根据公司下一年度的目标和要求做判断和决策。例如第二年战略发展部门没有去欧美市场考察的计划，那么30万元的国外差旅费项目在预算年度就要减掉。

第三，上一年的每个支出项目是否均以投入产出效率最大化的方式实施？上一年的每个支出项目可能都是必要的，但不一定都做到了投入产出效率最大化，评估的时候如果发现有水分，那么做预算时应首先把这些水分挤掉。

2. 零基预算法

零基预算法是指摒弃预算项目现有的既成事实，以零为基础编制计划和预算。编制预算时不受过去业务收支的约束，以零为基础，以目标为起点，以业务路径为依据，分析、判断每笔支出的必要性与合理性，重点放在预算项目投入产出效率的评估上。

零基预算法有三个优点：一是预算不受既成事实的约束和限制，容易剔除基期的不合理因素；二是有利于培养和提高大家思考的能力，达到降低成本的目的；三是完全符合目标、计划和预算三者的逻辑关系，特别适合发挥预算管理保障目标实现和能力提升的作用。

它的缺点在于工作量大，受编制者的个人能力影响大。

零基预算法适用于编制一些金额较大或重要项目的预算，适用于有高素质团队的企业编制预算。

它的操作步骤如下：

第一步，确定预算项目所要实现的部门分解目标。（基于目标）

第二步，制定预算项目详细、具体、必要的行动方案。（编制理由）

第三步，合理配置资源并论证行动方案的可行性。（计算依据）

第四步，评估预算项目业务活动的投入产出效率。（成本效益）

刚开始实施预算管理的企业，不宜全面铺开零基预算法的编制方法，可以让各职能部门选择一两个重要项目尝试采用零基预算法编制。可选择的预算项目有资本支出预算、研发费用预算、广告费用预算、促销活动预算、降本指标预算、培训经费预算、项目管理预算、渠道开发预算、融资成本预算等。

考虑到编制者的能力和经验，建议将采用零基预算法编制出来的预算项目与以往年度的历史数据进行对比分析，对遗漏或疏忽的事项进行相应的补充和完善。

使用零基预算法，要牢记三个要点——

理念：强调业务行为的必要性、合理性。

方法：分析所有业务行为的投入产出效率。

操作：确定目标，制定方案，编制预算。

表 3-5 是使用零基预算法编制广告费的示例，仅供参考。

表 3-5　零基预算法的编制示例

序号	项目	地域	预算项目	预算金额	行动方案
1	市场调查费 设计制作费 印刷费	国内	北京、上海、广州、深圳市场调查 电视广告片 2 部及媒介、广告的设计制作 40 页产品样本 1.5 万本，6 页集团介绍 1 万本	60 万元	方案一

(续表)

序号	项目	地域	预算项目	预算金额	行动方案
2	购买媒介	国内	全国性媒介和地区性媒介广告费	40万元	方案二
		国外	欧美等地专业杂志和邮递广告费用	20万元	
3	公关活动费 服务费 机动费	国内	北京商品知识竞赛活动的有关费用	50万元	方案三
			有关人员交通、差旅、加班、通信等费用	20万元	
			媒介价格上调因素和临时应急重要活动	10万元	
4	促销活动费	国内	北京/上海/广州促销会场地、资料、劳务	20万元	方案四
		国外	赴英/法/德促销小组和参加展览会的费用	30万元	
5			……		
			广告费预算合计	250万元	

除了上面重点介绍的增减预算法和零基预算法，预算编制方法还有弹性预算法、滚动预算法等。弹性预算法是指按照预算期内可预见的多种业务量水平编制的，能够适应不同业务量情况的预算。例如销售收入预算1亿元，公司就以1亿元为起点组织编制预算，但是弹性预算法除了编制收入1亿元的预算，还要补充编制假设最大可能性实现9000万元的预算、最乐观状态下实现1.5亿元的预算、最保守情况下实现7500万元的预算等。个人觉得，这种方法显著加大了预算编制的难度，对预算管理的帮助不大。建议财务部门在财务预测领域区分不同的业务量，测算相应的利润水平，提供给总经理做决策支持，让总经理心中有数：明年最好的、最差的、最有可能的情况下利润分别有多少。不建议让各个业务部门在不同的业务量下编制几套预算，意义不大，且劳民伤财。至于滚动预算法，个人就更不建议了，后面会说到为何不提倡这种方法。

四、通过实践案例如何领会预算编制的精髓

1. 培训经费预算如何编制

表3-6是一家公司的培训经费预算明细,这显然是我们提倡的数据加理由的预算。数据并不重要,重要的是培训方案中的业务路径和资源路径。

表3-6　人力资源部培训经费预算明细表

时间	名称	业务内容	计量单位	业务量	业务价格	预算
3月1—10日	部门经理培训	教师授课	人/天	10	15000元	150000元
		教室租赁	间/天	10	5000元	50000元
		学员住宿	人/天	500	250元	125000元
		学员餐饮	人/天	500	100元	50000元
		茶点安排	次/天	20	450元	9000元
		其他费用	人/天	10	500元	5000元
合计						389000元

案例 3-16

总经理在预算答辩会上问人力资源总监:"3月1日至10日,你们准备搞一个部门经理的培训。从表中数据来看,是不是教师都是外聘的啊?"人力资源总监说:"是的,以前也是这样的。"总经理说:"以前是这样的,就代表以前的做法一定合理吗?就算以前是合理的,难道公司面临的内外部环境及公司的需求都是一成不变的吗?明年的这个培训能不能换一种方式,请集团高管以内训的方式进行,是不是效果会更好,培训更有针对性和操作性,并且对提升高管的能力素质有

更大的促进作用？当然预算也能相应减少一些。我建议第一天由我来讲战略管理，接下来财务总监讲预算管理，人力资源总监讲薪酬与绩效管理，销售总监讲市场营销与销售管理……"

总经理继续发问："从教室租赁、学员住宿和学员餐饮三项明细来看，你们准备在哪里举办本次培训？"人力资源总监说："计划安排在××度假酒店，以前这个培训都是安排在那里的。"总经理生气地说："以前公司效益一直不错，所以培训安排在那家酒店，也是借着培训给大家发福利。现在公司进入困难阶段，难道做事的方法、花钱的方式不动脑筋地照旧吗？还有，茶点安排和其他费用，你们是按什么标准做预算的？……"

一季度的培训经费在总经理的刨根问底之下，最终预算确定为2万元。此时总经理又发问了："你们一季度的部门经理培训方案我还没仔细看过，但是我相信这么多年过来了，你们在培训目的和培训组织上能够把好关。我现在关心的是，如何保证培训的效果？如何保证培训向应用转化？"

综上，培训经费预算怎么做？有三点建议。

第一，重点在于首先编写行动方案，行动方案必须明确培训目的、培训方式、培训内容、如何组织培训、如何保证培训效果、如何转化培训成果等业务路径，以及如何花钱、花多少钱等资源路径。

第二，编制培训预算明细表时，尽量将培训预算金额细化，便于总经理在预算答辩时逐一审核、决策。

第三，预算呈现的形式必须是数据加理由，充分证明该预算项目业务行为的必要性和配置资源的合理性。

2. 研发经费预算如何编制

研发经费在企业各项费用预算中是非常大的项目，一些企业的研发经费可能会占销售收入的10%左右，一旦投放出现失误，将给企业造成巨大的损失。而且研发经费这类费用项目的特点进一步加大了预算编制和预算控制的难度。其特点有三：一是很难通过投入和产出的比较来判断其业务行为和预算编制的合理性及有效性；二是研发周期比较长，一般都在1年以上，医药公司的新产品研发周期甚至在10年左右；三是研发期间存在太多的不确定性，管理风险较大。

这里结合表3-7，给出四点建议。

表3-7 技术研发部研发经费预算明细表

研发项目	持续时间	投入预算					价值流向				
		人力预算	材料预算	设备预算	费用预算	合计投入	体验	技术	功能	外观	品质	其他
……	……				……							

第一，按持续时间分类，投入预算合计多少，其中第一年、第二年、第三年……分别是多少。

第二，按费用项目分类，投入预算合计多少，其中人力预算、材料预算、设备预算、费用预算等分别是多少。

第三，按价值流向分类，投入预算合计多少，其中体验、技术、功能、品质、外观、其他方面分别投入多少。

第四，数据背后的理由，重点审核和评估研发项目的可行性计划和推进方案是否合理有效、业务路径和资源路径是否清晰、过程控制是否得当等。

一般企业在编制研发经费预算时，会按照推进时间和费用性质进行细分，但很少有企业会按照价值流向进行分类控制。

研发经费的投入是为了提高产品的竞争力，通过提高产品毛利率来拓展产品的获利空间。研发费用和管理费用、销售费用、财务费用性质不同。研发费用让人心动，它代表的是企业的产品实力和产品投入；管理费用让人心痛，它代表的是企业的管理能力和管理素质。可是不知道为什么，会计准则和会计制度竟然要求把研发费用作为明细项目反映在管理费用下面。在此，我们强烈建议将研发费用和管理费用作为一级科目并列使用。

有些产品有很强的竞争力，可以卖高价，因为它拥有自己的核心技术；有些产品技术一般，但是它的功能很强；有些产品的卖点在于外观时尚漂亮；有些产品则靠品质取胜。那么有人要说了：我们的产品在研发投入上要做到不但拥有核心的技术，而且具备强大的功能；不但要外观时尚，而且要品质一流。愿望是美好的，可现实是骨感的。在任何一家企业，资源都是受限的，能力都是有限的，所以必须集中资源干大事，尤其在产品研发上，必须避免广泛撒网，而要突出重点，运用压强原则，将有限的资源和能力集中于一点，在配置强度上大大超过竞争对手，以求迅速取得重点突破。

研发经费预算方案要求按价值流向来分类控制资源投入，这对市场部门和研发部门确定明年的产品研发方向十分重要，对形成企业自己的核心竞争力和差异化能力十分重要。

价值流向方面，特别要强调的也是大家常常忽略的要素，即用户体验。在"互联网+"时代，用户思维和用户体验十分重要，必须用这一理念去驱动企业的产品设计、研发、生产、制造、销售、服务等业务流程进行整体优化和改善，达到快速反应，柔性制造，满足客户个性化、差异化需求的目的。

案例 3-17

有一次公司总经理参加技术中心的预算答辩，对于一款新产品的开发，总经理发话了："这款新产品研发经费1000万元，在技术、品质、功能、外观的价值流向分布上我没有太多的意见，我想知道的是，为什么在用户体验上没有一分钱的研发经费投入？你们在设计、研发这款新产品的过程中到底有没有用户思维？

"我们的产品在价格、品质、功能、外观上当然要投入，并且在这方面的投入金额一般会非常大，可即使是这样，也难以保证我们的产品在价格、品质、功能或外观上与同行比能够脱颖而出。如果我们能够站在用户的角度换位思考，在用户思维和用户体验上多做文章、多动脑筋，其实花不了多少研发经费，但是我们的产品可能就形成了独特的亮点和卖点，形成了差异化竞争能力。客户只要感觉体验好，感受到我们在为他们着想，他们可以不管产品的价格，可以不问产品的质量，可以不顾产品的功能，但是指定要我们的产品。用户思维和用户体验，在市场竞争日益激烈和客户需求多元化的今天，已经成为企业赢得社会信誉、争取客户、面对竞争、实现盈利的主要途径。"

3. 竞争投入预算如何编制

竞争投入包括的项目有广告费、业务宣传费、促销活动费、降价等（见表 3-8）。企业通过竞争投入，希望换来相应的销售收入增长。竞争投入和产出一般有逻辑对应关系，可以用下列公式进行计算：

$$竞争回报目标 = 竞争投入 \div 边际贡献率$$

$$销售增长率 = 降价率 \div （边际贡献率 - 降价率）$$

表 3-8　市场管理部竞争投入预算明细表

产品名称	寿命周期定位	竞争投入方案				回报预算
		降价	广告	促销	其他	

销售经理经常抱怨产品没有价格优势、广告投入太少……他们也经常承诺：只要价格降 10%，销量一定能大幅度增长；只要再增加 1000 万元广告费，今年的销售收入目标就能完成。

我们要将销售人员的随意承诺转化为用量化数据来要求他们。例如边际贡献率为 20%，广告费投入 1000 万元，那么公司要求的竞争回报目标是收入增加 5000 万元；如果产品降价 10%，那么公司要求的销售增长率为 100%，请问销售部门能不能做到？如何做到？做不到怎么办？

不要仅仅关注竞争投入的预算数据，而要把重点放在竞争投入可行性计划及推进方案上，数据背后的理由才是关键。

对于竞争投入方案，市场部门或销售部门必须回答以下问题：

- 明年你准备针对不同产品采取哪些竞争策略？
- 计划出台哪些竞争措施？
- 如何准确客观地评估竞争投入的效果？
- 你准备花多少钱？如何花钱？
- 你期望的回报是多少？
- 达不到相应的回报怎么办？

有人说，回报预算很难弄准确。通常这么说的人，大部分都是会计出身，因为会计追求精确。管理追求的是价值而不是精确，一项管理活动的价值在于这项活动对人的思维和行为的改变。

4. 销售收入预算如何编制

每年在销售部门的预算答辩会议上，总经理总是会问销售部门几个相同的问题。

- 我们经营的几类产品中，哪些是赚钱且应该加大资源投入的，哪些是不赚钱甚至亏损而应减产甚至停产的？
- 我们的客户中，哪些是赚钱的，应该重点维护和提供服务支持；哪些是既难伺候又不赚钱，准备淘汰的？
- 为实现销售收入双增长，竞争对手明年可能采取什么样的策略？我们又有什么样的新思维、新思路、新方法？
- 为了实现销售收入目标，我们在产品型谱、新产品开发及渠道建设、市场开发、客户维护等方面，有哪些远大的规划和具体的设想？

• 如何超越去年的业绩？如何战胜竞争对手？

若销售部门以专题会的形式证明自己在上述问题上早已深思熟虑，总经理就认为明年收入目标的实现在行动方案上有了充分的保证。

何为销售收入双增长？即有效客户数量不断增加的同时，单个客户的销量也不断增长。这就要求销售部门要不断地开发新客户、新市场，同时要注重老客户的维护。

为了能够实现销售收入的双增长，建议销售收入预算按表3-9的模板，从新客户/老客户及新产品/老产品的维度进行思考和测算，并分别用不同的绩效策略进行引导。

表3-9 销售收入预算模板

销售项目分类		销量预算	单价预算	销售额预算
老产品	老客户			
	新客户			
新产品	老客户			
	新客户			

每个公司首先都要稳住自己的老客户。有的公司的销售人员一天到晚开发新客户，为新客户想方法、给折扣、送赠品、搞花样，而把老客户抛诸脑后，结果是增加了5000万元的生意，又丢掉了3000万元的订单，这样市场永远不会做大。要把老客户照顾好，生意才会做得长久。偏偏很多人认为，老客户都是熟悉的，将就将就大概也没什么关系。其实这是非常错误的理念。营销学上做过一个统计调查，开发一个新客户的成本是稳住一个老客户成本的四倍。

案例 3-18

某家公司有个纸品部，有一天纸品部经理跟总经理说："李总，报告你一个好消息，今年我们的业绩大幅度增长了！"李总问他增长了多少，他说增长了20%。李总马上就问了一个一针见血的问题："孟经理，你帮我查一下，我们公司今年和去年比，对于这两种新闻纸，其中老客户增加了多少，新客户增加了多少。"

结果孟经理告诉李总，虽然新找了10个小客户，但原来4个最大的客户纸品采购量全部下降。小客户不但能力不强，而且很容易倒闭，很容易出现呆账、坏账。所以在李总看来，虽然公司整体业绩增长了20%，实际上却丢掉了大客户的生意。

销售收入预算除了按照上述老客户/新客户、老产品/新产品的维度进行编制，还需要按照销量多少和贡献大小两个维度，分别从产品、客户、区域、人员、时间五个维度（见图3-9）进行分解和测算，并分别制定行动方案和资源需求。

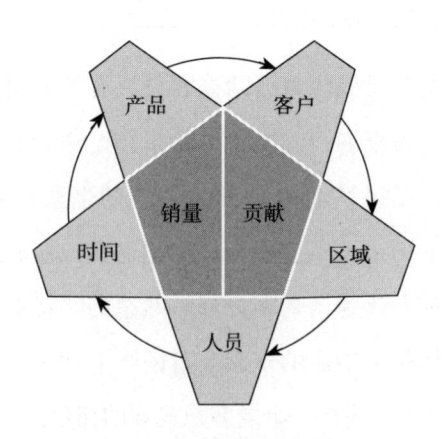

图 3-9　销售预算编制维度

总之，销售收入预算几乎是企业最重要的预算项目，销售收入预算目标实现了，利润目标的完成就有把握了。编制销售收入预算不只是将收入目标在销售人员之间、在销售区域之间、在产品型号之间分拆下去，更重要的是想方设法找出实现收入目标的行动方案和资源支持。一如前文所说，我们要通过分析里程碑式指标，分解目标，进而根据指标来思考后面要采取哪些策略，如何超越去年的业绩，如何战胜竞争对手。

五、如何组织答辩才能保障预算编制的质量

预算答辩会是预算管理过程中非常重要的一次会议，是专为总经理履行预算管理一把手职责量身打造的。如何让预算责任人重视和掌握预算编制工作？如何让预算责任人全力支持和积极配合预算管理工作？如何保证预算编制质量？如何达到通过编制预算养成思考习惯、提高思考能力的目的？如何创新行动方案以保证目标得以实现？……所有这一切取决于一个关键控制节点——预算答辩。对部门负责人而言，明年企业还能不能交给你管，你的部长职位还能不能保住，就看你的行动方案和预算方案值不值得信任，能不能被接受。当然，今后你是否会被委以更高的职位，这次会议也是非常重要的面试和表现机会。

所以，建议每年年底集中用 3~5 天进行预算审核和答辩，公司所有领导、业务单元负责人、职能部门负责人参加，行动方案和预算金额说不清楚的预算就砍掉，预算答辩通不过的就换人，从而培育和强化良好的预算管理文化和氛围。

1. 预算答辩过程中的陷阱

预算审核和预算答辩的时候，总公司一定要知道子公司会把利润藏在哪里。当然，如果你是子公司的财务经理，你也会不由自主地把利润隐藏起来，这也无可厚非，因为立场不同，利益不同。财务经理在子公司不得不维护子公司的利益，财务总监在总公司就必须有能力把子公司隐藏的利润挖出来。经过几年的预算博弈，子公司和总公司信息逐渐趋于对称，博弈的结果趋向理性、客观。图3-10列举了七种常见的隐藏利润的方法，而实践当中，隐藏利润的方法更是多种多样，需要大家在预算博弈的过程中总结、提炼，做到心中有数。

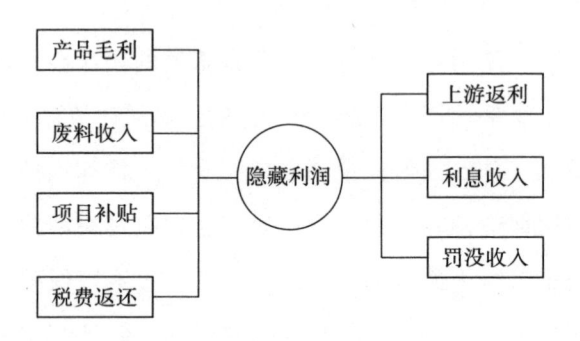

图 3-10 七种隐藏利润的方法

产品毛利对利润的影响最大，很多企业的成本核算、成本管理基础工作非常薄弱，费用分摊比较随意，产品结构也比较复杂，有保量产品，也有赚钱产品，等等。只要隐藏1%的毛利，1亿收入规模的企业就能隐藏100万元的利润。因此，必须加强对产品毛利预算编制的监督和分析。

再如利息收入。资金流量比较大的企业，财务部门常常会进行一些理财操作，比如承兑贴息、理财产品、基金、股票、汇兑损益、债券逆回购操作等，这些收益除了财务部门清楚，总经理和其他部门根本无从知晓。所以,预算答辩的时候,需要财务部门——解释清楚。

公司除了主营业务产生的利润,还有各种渠道可能获利,包括其他业务利润、投资收益、质量索赔收入、废品废料收入、税费返还、项目补贴、罚没收入等,这里就不展开了,但在预算审核和预算答辩的时候不要遗漏。

案例 3-19

某公司正在推行阿米巴经营体模式,今年预算启动之前,计划将某一产品线的供应、技术、销售部门划为一个核算单元,人数 15 人,计划销售额 5000 万元,费用预算 250 万元,其中含人工性费用(包括工资、奖金、福利、社保、公积金等)、差旅费、招待费三项,其余暂不结算。预算答辩会上,大家觉得好像没什么问题。财务经理提问,该经营体投入和产出是如何挂钩的,该经营体负责人解释,拟与公司总经理签订目标责任书,产品毛利率 28% 以上的部分归经营体所有(上一年该产品平均毛利率 30%)。请思考问题出在哪里。

分析

费用预算 250 万元,意思是不管该经营体实际完成收入是多少,250 万元的费用预算已经让他们可以做到旱涝保收了。固定预算应改为变动预算,投入和产出量化挂钩。

产品毛利率 28% 以上部分算经营体的超额利润,这种导向可能会导致产品毛利率较高但是制约销量增长,影响市场份额的拓展。

费用预算在人工性费用、差旅费、招待费三项上有分解,但必须明确三项费用之间不得自我调剂,杜绝费用收入化。

财务预算平衡建议：

费用预算总额＝销售额 × 毛利率 ×20%（提成比例）

以产品毛利率作为衡量该经营体投入产出效率的关键指标，引导其在扩大销售额的同时提高产品盈利能力，并以此保障该经营体的个人收入和费用开支。

总经理和财务经理在预算审核和预算答辩时，要练就一双火眼金睛。因为信息不对称，下属常常会设置一些陷阱，目的是保护他们的利益，最小化他们的风险，最大化他们的红包。

其实该公司的财务经理当初也未能发现问题出在哪里，但是他知道预算管理的精髓就在于投入产出效率，只要从这个角度来思考，很多问题都将迎刃而解。预算管理真的能改变每个人的心智模式和思维模式。

2. 财务能否轻松驾驭预算审核进程

总经理和财务经理在履行预算审核的职责时，有一个指导原则必须遵守：预算审核可以并且必须参考历史数据，但是预算方案中的这些事要不要做、如何做、打算花多少钱的最终判定标准，并不是上一年做没做、上一年花了多少钱，而是能否支持企业的战略规划和年度目标。

案例 3-20

编制预算的时候，子公司销售部门上报购置 15 台笔记本电脑的 10 万元的采购预算。集团公司财务总监认为明年的固定资产预算已经够

多了,不予同意。子公司总经理闻讯后打电话给财务总监,双方争执不下。最后子公司总经理撂下一句话:"你们财务部门懂什么,我直接找总裁去!"结果,集团公司总裁还真同意了子公司销售部门的笔记本电脑申购预算。

如果你是该公司的财务总监,你在预算审核上是否有更高明的做法呢?

分析

思考:购买笔记本电脑和销售部实现它的目标有什么关联?没有直接关联,但是确实在某些方面有一定的影响,比如,可以提高沟通效率、方便文案演示、改善公司形象、提高操作技能、完善基本办公设施……

变通:每个业务员完成半年度销售目标,奖励一台笔记本电脑;半年度销售目标没完成的,若年底完成了,年底兑现奖励。这个激励措施持续有效,直到每个业务员都拿到奖励为止。也可以考虑年初一次性奖励15台电脑,年度目标没完成的业务员,从其提成中扣款。以后年度完成目标的,再退还给业务员。

控制成本:重量尽量轻,外观要时尚,质量要保证,配置可一般。一方面为销售着想,减轻携带负担,满足外观需求;另一方面为公司考虑,以标准配置或简单配置控制采购成本。

沟通策略:详细向子公司总经理和销售经理了解情况、目的和原因,初步形成自己的观点,再与总经理商量。商量不通时,主动向集团公司总裁汇报,不要坐等别人告状。沟通过程中,必须换位思考,体谅业务部门的难处,同时维护公司的利益。

财务负责人参与预算审核、预算平衡时要遵循四大策略。

第一，预算审核和平衡的时候，财务部门可以"切一刀"，但是绝不可"一刀切"，不可盲目做刀斧手。切一刀的依据是预算数据背后的理由和依据。

第二，财务负责人事先将所有的问题点列出清单，并附上自己的审核理由和审核建议，会议前下发资料并收集、汇总评委意见。

第三，对于零基预算编制的项目，审核预算数据的编制理由和计算依据，对业务路径和资源路径的合理性、有效性进行分析、判断。

第四，对于增量预算编制的项目，要从投入产出效率角度审核，一是要求进行总额控制，二是注意减法是否到位，三是判断加法是否必要。

3. 公司和各部门进行预算答辩的模板

预算答辩是预算编制阶段的最后一步，也是最关键的一步，能不能保证预算编制质量，就看总经理这个预算答辩考官的表现。

那么，如何设计公司和各职能部门的预算答辩模板？

（1）总经理预算答辩陈述要点

① 总体说明：本预算年度总体经营计划和经营目标等。

② 损益情况说明。

a. 市场发展战略和竞争策略；

b. 销售目标预测及可实现程度；

c. 销售价格总体水平和竞争力度；

d. 费用总额可控程度及控制重点；

e. 利润率水平及风险控制。

③ 资产负债水平。

a. 存货总额及库龄控制要求；

b. 应收账款总额控制及结构改良；

c. 固定资产总量控制及投放水平；

d. 现金供给量及枯丰期准备；

e. 负债压力和缓解途径。

对公司级的预算答辩，总经理可以委托财务负责人接受答辩，必要时由总经理做补充说明。总经理和财务负责人在预算答辩会上能够把上述问题一一阐述清楚，就说明公司经营班子对明年目标的可实现程度进行了充分探讨，实现目标的业务路径和资源路径已经明确，预期的财务状况和经营成果有了保障。

（2）市场部门预算答辩陈述要点

① 宏观经济发展与行业空间预测；

② 公司长远规划调整及经营规模制定；

③ 竞争对手市场分割手段预测；

④ 公司市场竞争方案设计及资源投入；

⑤ 公司形象宣传方案及资源需求；

⑥ 产品宣传方案及资源需求；

⑦ 市场预算 KPI 指标及考核办法；

⑧ 市场业绩奖励、考核措施。

（3）销售部门预算答辩陈述要点

① 行业成长空间预测；

② 老客户成长推动预测；

③ 公司销售区域调整和销售手段改变；

④ 新客户的开发计划及措施；

⑤ 销售目标的确定及资源配置；

⑥ 销售预算 KPI 指标及考核办法；

⑦ 销售业绩奖励、考核措施。

（4）生产部门预算答辩陈述要点

① 生产能力成长空间预测；

② 完工产品的安全存量预测；

③ 产品结构和排产计划；

④ 工艺调整的投入及回报测算；

⑤ 设备投入和内部报酬测算；

⑥ 直接成本降低目标和执行措施；

⑦ 可控费用的预算目标和下降空间；

⑧ 生产预算 KPI 指标及考核办法；

⑨ 生产业绩奖励、考核措施。

（5）仓储中心预算答辩陈述要点

① 物资账实相符率目标及提升方案；

② 领料环节先进先出改进措施；

③ 出入库单据处理日清日毕的保障措施；

④ 呆滞积压物资控制目标及处理方案；

⑤ 物料最高、最低和安全库存量的测算和设定；

⑥ 仓库安全管理措施及应急预案；

⑦ 仓储中心业绩奖励、考核措施。

（6）采购部门预算答辩陈述要点

① 采购量和材料安全存量预测；

② 主要原材料市场供求关系预测和价格走势；

③ 采购方式调整和供应商选择；

④ 主要原材料预算控制价格和执行措施；

⑤ 采购成本降低目标和资源需求；

⑥ 采购预算 KPI 指标及考核办法；

⑦ 采购业绩奖励、考核措施。

（7）研发部门预算答辩陈述要点

① 产品或服务核心价值构成；

② 竞争产品的技术先进程度评价和差距；

③ 新技术和新产品研发计划及价值流向；

④ 新产品研发的资源需求和不确定因素；

⑤ 成本优化研发计划和资源需求预算；

⑥ 设计降成本目标的确定和实现措施；

⑦ 技术研发预算 KPI 指标及考核办法；

⑧ 成本优化研发预算 KPI 指标及考核办法；

⑨ 研发奖励措施。

（8）行政部门预算答辩陈述要点

① 公司安全保卫工作的保障及改进措施；

② 公司后勤保障安排及风险预防方案；

③ 年度会议安排及会议效果保障措施；

④ 行政办公费用总额控制的目标设定及实现措施；

⑤ 宾客接待和对外联络方案及支出预算；

⑥ 印章、证照、车辆管理等行政事务改进方案；

⑦ 行政部业绩奖励、考核措施。

（9）人力资源部门预算答辩陈述要点

① 组织架构调整及职能预期；

② 职工岗位设定和用工数量控制；

③ 岗位薪金市场价格评价及偏离情况分析；

④ 薪金调整预算方案；

⑤ 职工保险和福利方案及支出预算；

⑥ 人工总成本降低目标及实现方案；

⑦ 职工培训方案及支出预算；

⑧ 人力资源KPI指标及考核方案；

⑨ 人力资源奖励措施。

（10）财务部门预算答辩陈述要点

① 经营业绩预算；

② 运营规模安排及风险评估和应对；

③ 资金预算方案及资金风险防范措施；

④ 融资方案；

⑤ 非经营项目的预算及不确定因素应对；

⑥ 税负优化方案；

⑦ 资金优化方案及资金成本目标；

⑧ 可控费用降低目标及措施安排；

⑨ 财务KPI指标及考核方案；

⑩ 财务业绩奖励、考核措施。

编制实操

我们会给每一家预算管理咨询项目的企业整理"预算编制指引"文档，下面用某企业的咨询案例给大家分享预算编制实务操作。

一、预算管理培训

公司推行全面预算管理之前，建议对公司中高管进行预算管理系统培训，重点在于理解预算管理的理念和方法。

如果公司中高层人员变动较大或者大家对预算管理仍然理解不到位，在预算启动前，最好组织一次类似的培训。

培训组织部门一定要采取相应的措施解决三个问题：如何保证参会率？缺席人员的培训怎么办？参会人员的培训效果如何保证？

二、公司战略规划

公司每年年底应对战略规划和战略目标进行梳理与调整，建议由董事长或战略规划部门牵头组织，重点在于确定下一年度的经营目标，如销售收入、净利润等，作为预算编制的起点，让预算管理承接公司战略，成为战略落地的路径和桥梁。

对于公司战略的具体梳理方法，前文案例 3-2 已有比较详细的讲解，表 3-10、表 3-11 和表 3-12 为战略梳理参考模板。

表 3-10　公司战略梳理与规划汇总表

项目名称	具体描述
使命	
愿景	
价值观	
战略目标	
下一年度战略分解	
竞争策略	

表 3-11　战略梳理工具——五张幻灯片法

幻灯片内容	我们公司	竞争对手 1	竞争对手 2	竞争对手 3
1. 我们的竞争对手是谁 2. 他们的市场份额有多大 3. 他们的优势、劣势是什么 4. 他们的内部运作状况如何				
1. 各个竞争对手在市场上有哪些重大举措 2. 他们是否有关键人才引进，或重大组织变革 3. 他们是否有重大的新产品、新技术、新渠道 4. 行业内是否出现新的竞争者，其业务状况如何				
1. 我们去年在市场格局上有哪些重大举措 2. 是否有关键人才引进或重大组织变革 3. 是否有重大的新产品、新技术、新渠道				

（续表）

幻灯片内容	我们公司	竞争对手1	竞争对手2	竞争对手3
1. 竞争对手会不会推出某个新产品 2. 会不会出现改变市场格局的重大事件 3. 是否有杀伤力强的黑马进入本行业				
1. 为了改变和主导市场，我们的优势在哪儿 2. 为了提高市场竞争力，我们有哪些方面要提升 3. 为了实现战略，我们有哪些障碍，如何克服				

表 3-12　战略规划梳理工作成果

公司发展战略规划		
年度战略行动策略	营业收入增加策略	
	成本费用控制策略	
	客户满意度提高策略	
	内部运作流程改善策略	
	能力素质提升策略	
	……	

三、下达重点目标

为了让各业务单元、各职能部门的分解目标紧紧围绕公司的战略目标，贯彻公司的管理意图，而不是仅仅把日常工作提报上来，建议由预算管理委员会下达各部门的框架性目标，各部门必须首先把这些内容纳入预算分解目标（包括但不限于），再根据部门职责、弥补短板、横向配合等事项补充其分解目标。

表 3-13 为公司要求业务单元、职能部门分解目标的参考模板。

表 3-13　目标分解框架性指标指引模板

公司层面	年度目标	目标值
业务或部门	年度目标	目标值
销售部门		
生产部门		
采购部门		
行政部门		
财务部门		
……		

四、预算启动会议

预算启动会议的召开标志着一年一度的预算编制工作正式启动，公司宣传部门可配合全面预算管理的推进营造氛围，宣传造势，改善预算管理的环境和土壤。

预算启动会议建议安排在 9 月底至 10 月初进行，具体时间可根据公司规模大小、基础强弱、复杂程度自我调节。

附件 3-4 为预算启动会议通知参考模板。

附件 3-4　关于开展××××年度预算编制工作的会议通知

1. 会议议题：××××年度预算启动会。

2. 会议目的：优化公司资源配置，提升经营管理能力，贯彻落实公司的战略目标和经营计划，稳步推进预算管理工作，确保××××年度预算编制工作的顺利开展。

3. 会议时间：××××年××月××日××时

4. 会议主持：

5. 参会人员：

6. 会议议程：

程序	议程内容	宣讲人
1	宣布预算启动会开始	主持人
2	上一年度预算编制和执行情况的总结和问题分析	预算管理部门
3	宣读年度预算责任主体及负责人，明确预算编制范围	预算管理部门
4	宣读公司年度经营目标（包括但不限于销售额、利润）	预算管理部门
5	宣读公司对各预算责任主体的主要目标和工作布置	预算管理部门
6	宣读年度预算编制工作的推进进程表，明确时间节点	预算管理部门
7	预告预算编制培训的时间、主讲人、参训人	预算管理部门
8	领导总结性发言，突出强调预算编制质量与薪酬待遇、岗位职位的关联（如预算答辩三次未过关的，对预算责任人免职）	公司领导
9	宣布会议结束	主持人

7. 纪律要求：参会人员应提前10分钟到达会场签到，迟到罚款10元/分钟，未履行审批程序缺席的，罚款1000元；不能参会的，书面向董事长请假，并乐捐50元；会议期间，将电话关机或调成静音，发现电话响铃的罚款50元/次。

特此通知！

×× 有限公司

××××年××月××日

表 3-14 和表 3-15 可作为预算启动会议通知的附件。

表 3-14 预算编制主体和预算责任人

序号	编制主体	预算责任人	责任人职务	序号	编制主体	预算责任人	责任人职务
1				26			
2				27			
3				28			
4				29			
5				30			
6				31			
7				32			
8				33			
9				34			
10				35			
11				36			
12				37			
13				38			
14				39			
15				40			
16				41			
17				42			
18				43			
19				44			
20				45			
21				46			
22				47			
23				48			
24				49			
25				50			

表 3-15 ××××年度预算编制推进计划

序号	参与部门与职级	推进事项 预算编制事项	特定会议	计划时间	备注
1		预算启动（含下发公司整体目标）			
2		自主提报年度工作总结			
3		预算编制培训（含下发预算编制大纲、预算编制表单）			
4		目标任务的分解、协调			
5		重大投资立项			
6		拟写、初评行动方案（计划）			
7		评审确定目标体系和计划体系			
8		预算表单编制			
9		预算汇总			
10		预算评审和修正			
11		预算定稿、审批下发			

五、年度工作总结

预算编制之前，要求各公司、各部门对本年度重点工作的完成情况进行总结与反思，目的是找出存在的主要问题和分析原因，为下一年度明确预算目标与努力方向。

表 3-16 和表 3-17 为工作总结与问题分析参考模板。

表 3-16 ××××年度部门工作总结

部门：

维度	序号	项目名称	完成情况
部门分解目标或考核指标	1		
	2		
	3		
	4		
	5		
	……		
部门重点工作或专项工作	1		
	2		
	3		
	……		

表 3-17 ××××年度部门主要问题分析

部门：

序号	分析维度	主要问题	原因分析
1	团队建设		
2	工作创新		
3	横向支持		
4	……		

六、预算编制大纲

预算管理办公室应当从预算编制操作层面，对公司中高管和相关预算编制人员进行预算编制方法的培训。

附件 3-5 为预算编制大纲参考模板。

附件 3-5　××××年度预算编制大纲

第一条　编制理念

办企业的目的就是盈利，这也是企业的组织目标。组织目标的实现是从投入开始的，投入即资源配置。如何配置资源，是决策行为，是实现组织目标的起点。预算是资源配置的工具和表现形式，是资源配置的过程；预算编制过程是管理者对未来行动的思考过程和决策过程。

目标、计划和预算的关系：目标、计划和预算是三位一体、层层递进的关系。目标是计划和预算的起点，计划是寻找实现目标的业务路径（行动方案），预算是寻找实现目标的资源路径（资源需求）。没有目标，不需要做计划；没有计划，不需要做预算，也做不出预算。

第二条　预算责任

总经理对经营目标（利润）承担责任；营销部门对经营目标（销售收入）承担责任；财务部门监控执行过程，保障利润目标的实现；各职能部门依据投入产出最大化原则，执行实现组织目标的业务计划和业务过程。

第三条　编制基础

各预算编制单元必须基于企业确定的目标任务和工作计划，在规定的时间内完成各自的预算编制。每一个预算项目必须基于确定的目标或任务，按此计算完成任务所需要的资源，也就是说每一个预算项目都要有编制理由和计算依据。凡无具体目标或任务，仅根据以上一年度实际发生数按系数计算的预算，公司不予认可。

第四条　编制逻辑

预算的编制一定基于业务流程、工作关系逻辑。

凡属部门独立的资源需求，各部门可以在预算编制开始日，根据对应的工作目标任务编制各自的预算。

凡与其他部门有业务流程关系的（如生产预算需供销系统提供销售预算数据），应根据上游部门相关计划，顺次编制本部门的有关预算。

第五条　编制流程

1. 下达经营目标。经营目标是一切工作的起点。预算是基于组织目标的资源配置和控制活动，配置和控制企业的资源必须以组织目标作为思考和行动的起点。

2. 拟定公司制度。公司制度包括商务制度、薪酬制度、组织机构、人员三定、费用使用管理办法等内容。

3. 分解组织目标。公司经营目标下达后，需要对目标按系统及所属部门进行分解和细分，明确各个部门的工作目标和任务，选定关键业绩指标即 KPI 指标，作为预算考核和绩效管理的基础。

4. 编写工作计划。重要的并不在于做，而在于做什么、如何做。只有理性地认识到应该做什么，找到了做的正确路径与合理方法，做的结果自然就会好。公司的目标或部门的目标，都需要转化为具体的行动方案，都需要通过实际的业务活动才能实现。编写的工作计划，应能落实目标的程序安排和进度安排，表现为如何推进业务活动。

5. 编制预算草案。在目标和行动方案明确的前提下，要通过预算编制来实现具体目标或任务的资源安排，找到投入量最为优化的资源路径。

第六条　编制规则

如何编制预算，事关资源与目标的联结、资源与业务的对称，以及预算的可操作性和可行性。预算编制规则就是用统一的思想和方法，来规范和引导企业的预算编制活动，确保围绕组织目标合理配置资源。

1. 谁做事、谁花钱，谁编预算。

（1）业务部门最了解本部门的业务，又承担着明确的目标和任务，最清楚实现目标和完成任务的资源需求，其编制的预算会更切合实际。

（2）业务部门是实现目标的执行机构，如何确保目标的实现，需要各执行机构自己去寻找清晰的、具体的实现路径并予以证明，预算就是其实现目标的资源路径。

（3）业务部门（责任人）是分解目标的责任者，企业如何判断其具备责任承担的能力？需要通过其设计的业务执行路径（行动计划）和资源使用路径（预算）的合理性与可行性予以证明。部门预算编制的水平反映部门责任人的管理素质，是检验各部门责任人履行其职责的能力和资格之一。

（4）财务部门不承担任何业务目标责任，因此财务不需编制业务单元预算。在预算编制过程中，财务机构的作用在于组织、协调和平衡预算工作的过程，汇总预算结果并形成财务预算报表，保证预算目标可以实现。

（5）遵循责任原则（谁承担责任，谁负责编制预算；承担什么责任，编制什么预算）。为履行责任而编制资源需求的部门预算，业务部门责无旁贷。

2.说明预算编制理由及计算依据。

(1)预算编制是资源的配置过程,预算资源要基于企业目标,落实到每一个业务单元和每一项具体的业务项目或对象的构成项目。

(2)如何证明资源需求的必要性?各部门要对列入预算的每一个项目都给出充分的理由。预算是实现目标和完成任务的实施路径,如何证明路径的存在和成立?部门要对列入预算的资源,给出其对应任务或目标的逻辑解释。

(3)预算的目的是追求投入产出最优,如何证明投入产出的优化?各部门要在证明项目必要性的基础上,继续证明其合理性。预算投入合理性,表现为每一个预算项目投入量的计算依据合理。

(4)当编制的每一个预算项目都列出了充分理由和合理的计算依据,企业就找到了实现目标的具体执行路径。

3.零基预算规则。

零基预算规则是一种预算编制方法,其基本思想是,各部门编制预算必须基于确定的分解目标和工作任务,而不是以往年度的消耗。在实际操作中,参考往年的实际数据是必然的甚至是必须的,但为什么还要提倡零基预算?原因有两个。

(1)适应经济环境的变化。

企业面临着外部环境的持续变化,今天不是昨天的简单延续,明天也不是今天的完全复制。零基预算规则有助于企业剔除以往年度预算中的不合理因素,在新的环境和目标下,研究并分析支出项目的必要性和投入量,防止预算编制单位仅仅根据上一年的基数和自由想象的系数敷衍塞责。基数乘以系数的单纯算法只是粗糙的数字游戏,由于没有实际的编制理由和计算依据,也就无法反映管理者的思维方式和作业路径。因此,各预算单元、各预算项目的年度计算均以零为基底，投入一律以企业目标和本单位应完成的年度产出目标或工作任务为计算依据，为预算平衡提供检验依据。当然，要求预算编制者完全撇开经验数据是不现实的，适当的参考也是必要的，甚至作为某些项目的编制依据也是可以的，但不能违背本原则而成为编制原则或唯一方法。

（2）培养管理者关于资源配置的分析与决策能力。

管理者的管理水平要通过实践来锤炼和体现。零基预算编制是部门管理者的入门课，过不了这一关，说明该管理者缺乏作为管理者应具备的基本能力——分析和决策。当企业不允许以基数乘以系数的方法编制预算时，当预算编制应与目标相匹配时，当编制的每一个预算项目应提出理由和计算依据时，管理者就必须动用其所具有的业务知识和管理技巧，编制出经得起逻辑检验的预算。于是，预算编制过程就成为编制者对未来行动的思考过程和决策过程，零基预算规则也就制造了考察和培训管理者决策能力的机会。

4. 积极预算原则。

所谓积极预算，指的是以高于以往年度的经营效率指标作为本期经营指标的基础。企业在制定经营目标时，经常会提出成本下降指标，即通过限制预算资源投入的方式，来实现成本下降目标。成本下降是组织目标和组织行为，需要通过上下互动才能产生期望的结果。在企业层次，应当以积极预算思想和策略，对执行部门进行路径引导，给予压力。没有制度的压力，人们的智慧和能量就会在惰性的环境里蒸发。减少投入的一切措施，都需要通过业务操作环节来实现，组织目标的压力会促使执行部门按引导的方向去寻找目标的合理业务路径。没有压力，就不会产生动力；没有方向，就没有方法。

积极预算策略把企业运作、目标管理、内部控制、成本管理融合在一起，使其成为优化并实现企业目标的联合手段。积极预算策略是调动企业管理的刚性规则，它把管理"逼"成日常行为。

第七条　保证措施

为保证预算编制准确，促进各预算单位严肃、认真地对待预算编制工作，达到为未来而思考、为未来而准备、为未来而行动的目的，以下管理措施将纳入另文下发的预算管理制度。

1. 在预算平衡阶段，对每一个预算项目的审核，要求有编制理由和计算依据，以零基预算为编制基础，对理由不充分或依据不明确的，仅根据以往年度实际发生数按系数计算的预算，公司不予认可。

2. 预算编制工作结束后，根据各业务部门为完成分解目标及工作任务而规划、设计的业务路径（行动计划）和资源路径（预算），预算管理部门将做出相应的管理能力评价，作为领导判断和检验各业务部门负责人履行其职责的能力与资格的参考。

3. 预算编制是否符合要求，编制是否及时、合理、完整，应与预算关键指标一起纳入责任人绩效考核。

第八条　项目说明

对每一类或每一预算项目，预算编制单元应分别做出编制说明，解释每一项、每一类列入预算的理由及计算依据，若有必要，应另附清单。

1. 预算项目的理由是对该资源需求的简单任务说明，可直接在预算表上设说明栏目概括，需详细说明的任务或项目应单独附解释清单。

2. 预算项目的计算基础，是对列入预算项目的具体数据算式，按每一个不同的预算项目单独计算。

第九条　主营业务收入

公司的主营业务收入指各门店的含税销售收入，可按联营、自营及生鲜销售进行填列收入，也可按不同城市、老店、新开店分别填示。

第十条　主营业务成本

利润表中的主营业务成本指的是与门店销售收入对应商品的成本，可按烟酒柜、超市部及生鲜部销售成本进行填列，也可按不同城市、老店、新开店分别填示。该主营业务成本预算＝主营业务收入－商品毛利－销售返利－通道费用。

1. 商品毛利：目标毛利，根据年度制定的毛利率目标进行计算，包含联营区扣点。

2. 销售返利：销售商品收取供应商的生鲜扣点和其他扣点。

3. 通道费用：销售商品收取供应商的进场费、陈列费、条码费、促销费和节庆费。

第十一条　营业费用

指门店为维持正常经营需要产生的费用支出。除折旧、摊销、房租等固定费用由财务部门编制外，其余费用由责任门店编制。

1. 薪酬：门店为职工支付的工资性支出，含工资、绩效奖、年终奖及其他补贴性费用等。薪资标准由公司机制部门统一编制，主体部门在此基础上编制本部门的工资预算。

（1）工资奖金：门店为职工支付的工资性支出，含工资、绩效奖。

（2）月度奖：门店加扣款、月度分红。

（3）年终奖：年终奖励。

（4）福利：由公司制定统一制度，各部门参照编制。内容包括餐费补贴、高温补贴、冷饮费（票）、医疗补贴、医药费、生活困难补助、节假日现金和食品（券）及纪念品、职工旅游、团建等开支内容，不得遗漏。

（5）社保：由公司承担的员工养老、医疗、失业三项社会保险费。

2. 水电费：门店每月用水用电产生的费用。

3. 低值易耗品消耗：财务上不作为固定资产核算的各种用具、物品，如办公工具、文件柜、档案柜、办公器具、保险柜、普通办公桌椅、电话机、电风扇等。按实际需求计算编列。该项目可分为商品耗材、办公耗材、信息耗材。

（1）商品耗材：门店销售需要的橡皮筋、标价签、网兜、海水晶、连卷袋、生鲜托盘、U型卡扣、保鲜膜、一次性饭盒、标贴、蔬菜胶带、果篮、不锈钢垃圾桶、灭蚊灯、砧板、挂牌、自封袋、木盒、挤塑板、小票纸、龙虾盐、苍蝇纸、无纺布购物袋、珊瑚石、活性炭、小蜜蜂叫卖器、电池、耳麦等与销售商品有关的耗材费用。

（2）办公耗材：门店办公消耗的A4纸、双面胶、固体胶、订书机、记事本、盘存表、要货订单、台账本、记号笔、坐席卡、员工登记本、流程本、经理交接本、传真纸、领借款单，以及打印照片、购买头花等办公必需品耗材费用。

（3）信息耗材：打印机墨粉、硒鼓、色带、色带架、色带芯、色带头、键盘、鼠标、打印头、适配器、五口交换机、对讲机、刷卡器、水晶头、硬盘、网络接口、电源适配器、数据线、监控等耗材费用。

4. 策划宣传费：为促进销售而发生的报纸广告发布费、杂志广告发布费、网络广告发布费、电台广告发布费、电视广告发布费、促销海报、社区大舞台等宣传策划费用。

5. 办公费。

（1）办公用品：用于维护办公环境，例如购买绿植装点办公环境，购买洗洁精、洗衣粉打扫卫生。

（2）通信费（电话费）：门店电话接待费用。

6. 其他杂费：门店日常运行产生的所有费用按照上列明细归纳申报、禁止使用"其他杂费"项目。

7. 劳保用品：门店员工工作服、门店更换保安服饰等费用。

8. 交通费（运杂费）：因公务需要而使用公司外部车辆所发生的费用，如门店来回大仓拉货、接送团购客人等交通费用，按市内交通费办理。

9. 积分返利（会员卡兑分）：会员积分兑换返券。

10. 团购返利：门店销售贵宾卡返卡、券。

11. 零星维修费：三轮车更换充电器、维修灯具、更换水龙头、疏通下水道、更换锁等小型维修产生的维修费用。

12. 消防费用：用于消防报警器所缴纳的电话费等相关消防费用。

13. 信息维修：打印机、复印机、服务器等信息设备维修费用。

14. 环保卫生费。

（1）卫生费：门店卫生费。

（2）物业管理费：门店物业费。

15. 零币手续费：换硬币手续费。

16. 除虫费：门店购买杀虫剂及蚊香等用于除虫防害的费用。

17. 检测费：空气检测费用、公共场所检测费等。

18. 纠纷处理费：门店处理顾客关系维护等相关费用。

19. 房租费：外仓仓库租赁费用。

20. 车辆使用费：包括汽（柴）油费、通行费、过桥（江）费、停车费、养路费和车辆保险费。

21. 车辆维修费用：门店车辆修理费用。

22. 折旧费：门店固定资产折旧费用。

23. 摊销费：摊销门店开办费、装潢费。

24. 物流费用：物流公司配送费用。

25. 差旅费：因办理公务出差期间而产生的交通费、住宿费和公杂费等各项费用。

26. 业务招待费：门店因业务需求产生的招待费用。

27. 培训费：公司培训产生的培训费用，培训期间的交通、补助费用等。

28. 财产保险费：公司财产保险费。

第十二条　管理费用和项目制费用

职能部门和项目部门为开展正常业务发生的费用和开支。为加强费用的管理，各项费用按归口分级管理的原则，由归口管理部门编制预算。不受部门控制的折旧、摊销等，职能部门不用考虑，由财务部门统一估算。（注意：当年产生的费用应在当年12月31日前予以报销入账；因特殊情况不能及时报销的，应在下年度的预算中予以体现。）

1. 薪酬：管理部门和项目制部门员工的工资性支出，含工资、绩效奖、年终奖及其他补贴性费用等。薪资标准由公司人力资源部门统一编制，主体部门在此基础上编制本部门的工资预算。

（1）工资奖金：公司为员工支付的工资性支出，含工资、绩效奖。

（2）年终奖：年终奖励。

（3）福利：由公司制定统一制度，各部门参照编制。内容包括餐费补贴、高温补贴、冷饮费（票）、医疗补贴、医药费、生活困难补助、节假日现金和食品（券）及纪念品、职工旅游、团建等开支内容，不得遗漏。

（4）社保：指由公司承担的员工养老、医疗、失业三项社会保险费。

2. 易耗品消耗：财务上不作为固定资产核算的各种用具、物品，如办公工具、文件柜、档案柜、办公器具、保险柜、普通办公桌椅、电话机、电风扇等。按实际需求计算编列。

（1）办公耗材：办公消耗的A4纸、双面胶、固体胶、订书机、记事本、盘存表、要货订单、台账本、记号笔、坐席卡、员工登记本、流程本、经理交接本、传真纸、领借款单，以及打印照片、购买头花等办公必需品耗材费用。

（2）信息耗材：打印机墨粉、硒鼓、色带、色带架、色带芯、色带头、键盘、鼠标、打印头、适配器、五口交换机、对讲机、刷卡器、水晶头、硬盘、网络接口、电源适配器、数据线、监控等耗材费用。

3. 差旅费：因公司业务出差发生的交通费、住宿费、差旅补贴等，含使用公务车（但油费列入车辆使用费）、私家车出差产生的相关费用。

4. 交通费（运杂费）：因公务需要而使用公司外部车辆所发生的费用。

5. 车辆使用费：公司的公务车辆所产生的加油费、通行费、修理费、各种规费。车辆管理部门按预算年度使用的所有车辆状况，分别预测所需的各种费用。

6. 办公费。

（1）网络费：为便于日常办公用的宽带等网络的年费。

（2）邮寄费：快递费用。

（3）通信费：纳入公司报销的电话费，包括移动电话。

（4）办公用品：用于维护办公环境，例如购买绿植装点办公环境，购买洗洁精、洗衣粉打扫卫生。

7. 软件维护费：软件（网络）维护、使用等相关费用，如网络升级、站点增加、光纤年费、VPDN 服务费、开票系统维护费等。根据实际需求编制预算。

8. 修理维护费用：对厂房基建、机器设备、公共设施等日常维修所产生的费用，以及产品检测、锅炉检测、行车检测、灭火器维护、监控设备维护等费用。日常维护及修理，由所属车间或使用部门负责并列入其费用预算。定期大修由专业管理部门负责编制维修计划，列入专业管理部门预算。

9. 会务费：组织或参加公司业务相关会议所产生的全部费用，含到外地参加会议的相关交通费、住宿费、补贴等。由会务组织部门或参加人员按会议项目计算编列。

10. 劳动保护费：确因工作需要为雇员配备或提供工作服、手套、安全保护用品等所发生的支出。

11. 水电费。

12. 业务招待费：企业发生与生产、经营直接有关的业务招待费用，包括餐饮、娱乐、旅游、住宿等。按预算年度业务需要，本着投入产出最大化原则，按人员、部门计算编列。销售部门的招待费应结合预算年度的销售量与销售收入，采用弹性预算方法编列。要求先按招待人员编制，再由部门汇总编列。

13. 策划宣传费：通过媒体传播的广告宣传支出或开展业务宣传活动的支出，如企业样本印刷、横幅灯箱制作、报刊印刷及稿酬费、名片印刷等。按公司预计投入的相关报纸、杂志及其他媒体的广告宣传项目编列。

14. 培训费：企业对内部员工发生的培训、教育费用，含订购的报纸杂志、管理书籍费用。企业的人员培训计划和支出包括业务部门和公司两个层次。对培训预算的编制应按下述规则执行：

（1）业务部门根据本部门的特点和工作需要，提出部门年度培训计划，递交人力资源部门。

（2）人力资源部统一汇总分析所有单元的培训需求，合并同类培训项目；同时加入基于公司层次的培训，两项内容组成公司的培训费用预算。

（3）实际执行时，各需求单位根据计划提出申请，人力资源部门组织安排。

15. 招聘费：企业为招聘人员而发生的相关费用。由人力资源部门根据公司招聘计划编列。

16. 环保卫生费。

（1）卫生费。

（2）物业管理费。

17. 会务费：因召开会议所发生的一切合理费用，包括会议费、赞助费、年会费用等。

（1）会议费：租用会议场所费用、会议资料费、交通费、茶水费、餐费等。

（2）赞助费：召开会议产生的赞助费。

（3）年会费用：召开年会产生的费用。

18. 团购返利：销售贵宾卡返卡、券等奖励。

19. 财产保险费：企业支付给保险公司的财产保险费用。由归口管理部门依据参保基数和费用计算编列。

20. 咨询费：支付给中介机构或个人的咨询费、服务费、审计费、顾问费等。根据实际需求计划编列。

21. 评估费：因贷款、资产评估等发生的费用。

22. 纠纷处理费：处理保险纠纷、合同纠纷等发生的费用。

23. 年货节费用：年货节发生的各种费用。

24. 外部市场费用：因外部市场调研、开拓发生的各类费用。

25. 检测费：商品、许可证、电梯等检测费用。

26. 房租费：总部办公区房租费。

27. 折旧费：企业发生的折旧、摊销费用是不可控制的必需费用，不涉及现金流，仅影响会计利润，因此所有业务部门均无须编制该项费用预算，由各预算单元财务人员依据上一年数据，并结合本年度资产需求计划进行填列。

28. 摊销费：摊销总部办公区装潢费。

29. 其他费用：根据预算年度情况、以前年度历史资料和有关制度规定编列。

30. 捐赠款：公司慰问、扶贫、赞助等捐款。

第十三条　财务费用

企业在生产经营过程中为筹集资金而发生的各项费用，如利息支出（减利息收入）、汇兑损益、承兑汇票贴息、手续费、理财收入等。由财务部门编制。

第十四条　其他业务收入

主要指门店产生的非商品销售的其他业务收入。

1. 供应商管理收入：向供应商收取的管理费收入。

2. 门店销售纸壳的收入。

3. 门店娃娃机的收入。

4. 门店体重秤的收入。

5. 罚款收入：主要为对供应商商品质量等的罚款收入。

6. 门店售卖其他废品的收入。

7. 广告费收入。

8. 租赁收入：外租区租赁收入。

9. 代收电费收入。

10. 代收水费收入。

11. 代收物业费收入。

12. 其他收入。

第十五条 税金及附加等各项税费

此项指一切可计入费用中的税金及附加，如房产税、车船使用税、土地使用税、印花税、水利建设资金、营业税、城建税、教育费附加等。由各预算单元财务人员按各项税金及附加项目的计税依据和税率计算编列。因销售收入和销售成本均为含税价，所以增值税、企业所得税也作为税金及附加编入预算。

第十六条 资本预算

对较大的技术改造、固定资产、无形资产增加等资本投资预算，按如下规则实施：

1. 相关部门或归口管理部门提出预算年度内的资本增加需求计划（须附详细说明）。

2. 预算管理委员会根据发展规划和技术、资源等条件，统一评审、安排可能的资本增加。

3. 只有经过评审批准的资本增加计划或项目，才可列入部门的独立资本预算。

第十七条 其他

1. 本大纲由公司财务部门负责解释和修订。

2. 本大纲自××××年××月××日起施行。

3. 未尽事宜或不清楚事项，可向公司财务部门咨询。

七、重大投资立项

公司应当界定固定资产、无形资产、信息化建设投入中，哪些属于重大投资项目。在编制预算前，各部门提报给公司预算管理委员会审定，审批通过后方可纳入预算进行立项、编制。

表 3-18 是重大资产立项汇总表模板。

表 3-18　××××年度重大投资立项汇总表

填报单位：　　　　　　　　　　　　　　　　　　　　　单位：万元

序号	项目编号	项目名称	项目内容	项目总投资	计划开始年月	计划结束年月	项目工期	××××年完成目标	××××年计划投资
1									
2									
3									
4									
5									
6									
7									
8									
9									
10									
合计									

八、分解预算目标

表 3-19 是部门目标体系申报表模板。

表 3-19　××××年度部门目标体系申报表

部门：

目标维度	序号	分解目标	目标值（量化或细化）	行动方案名称
	1			
	2			
	3			
	1			
	2			
	3			
	1			
	2			
	3			
	1			
	2			
	3			
	1			
	2			
	3			
目标评审参照对象	部门主要职责描述			
	公司对本部门的要求			
	支持经营目标事项			
	弥补短板、横向支持事项等			

九、行动方案保障

表3-20是部门计划体系申报表模板。

表 3-20　××××年度部门计划体系申报表

部门：

方案名称	
行动目的	
完成标准	
责任部门	部门负责人　　　　　责任人　　　　　起止时间
方法措施	

资源需求	资源需求名称	用途/目的	资源需求详细计算或分析依据

说明：

1. 在"行动目的"栏，一是说明行动目的，二是说明与公司战略、目标要求、部门职责、弥补短板或横向支持等维度是如何关联的；

2. 资源需求包括人力资源、机器设备、成本费用等需求，也包括需要其他职能部门的支持和投入的项目。

十、目标计划审定

表 3-21 是部门目标计划评审意见汇总表模板。

表 3-21　××××年度部门目标计划评审意见汇总表

部门：

评审维度	序号	评审意见
工作目标	1	
	2	
	3	
	4	
	5	
行动方案	1	
	2	
	3	
	4	
	5	

表 3-22 是部门目标计划评审审批表模板。

表 3-22　××××年度部门目标计划评审审批表

部门：

申报系统或单位	
目标计划申报摘要	
评审意见摘要	
预算执行委员会主任： 签名：　　　日期：　年　月　日	
预算管理委员会会签：	
预算管理委员会主任： 签名：　　　日期：　年　月　日	

说明：
1. 目标计划申报表和目标计划评审意见汇总表应作为本审批表的必要附件；
2. 审批时关注四个方面：目标是否符合整体战略，指标是否量化并可考核，行动计划是否合适，完成时点是否合理。

十一、预算编制表单

预算编制表单是各预算编制主体实际填制预算的载体,表单模板应与公司实际业务相匹配,体现销售、生产、采购、费用、投资、融资、资金平衡、预计财务报表等方面的信息。

有预算管理信息系统的,可通过系统完成填写;没有系统的,可以使用 Excel 进行填写。需要考虑的要点包括:

① 傻瓜化:让填写人一眼就明了设计者的意图,方便填报。

② 明细化:鉴于预算控制、分析的需要,维度信息要全部包含,如部门、产品线、区域、月度等。

③ 固定化:格式尽量固化,以减少后期汇总的工作量。

④ 智能化:表单应做得像小程序一样,能实现数据的关联运算和校验。

表 3-23 至表 3-54 为各类预算编制表单参考模板。

表 3-23　××××年度利润预算表

编制单位：　　　　　　　　　　　　　　　　　　　　　　　　　　　　　　　　　　单位：元

项目	预算合计	上年同期 1—9月实际	10—12月预计	同比增长	第一季度 1月	2月	3月	小计	第二季度 4月	5月	6月	小计	第三季度 7月	8月	9月	小计	第四季度 10月	11月	12月	小计
一、主营业务收入																				
减：销售返利																				
二、主营业务净收入																				
减：主营业务成本																				
三、主营业务利润																				
加：其他业务利润																				
减：销售费用																				
管理费用																				
财务费用																				
四、营业利润																				
加：投资收益																				
营业外收入																				
减：营业外支出																				
五、利润总额																				
减：所得税																				
六、净利润																				
七、销售毛利率（%）																				
八、销售利润率（%）																				
九、费用占收入比（%）																				

表3-24 ××××年度现金预算表

编制单位：　　　　　　　　　　　　　　　　　　　　　　　　　　　单位：元

序号	项目名称	预算合计	第一季度				第二季度				第三季度				第四季度			
			1月	2月	3月	小计	4月	5月	6月	小计	7月	8月	9月	小计	10月	11月	12月	小计
一	期初现金余额																	
1	加：销货现金收入（含税）																	
2	其他业务现金收入																	
二	可供使用现金																	
3	减：各项经营现金支出																	
4	商品或材料采购（含税）																	
5	直接人工																	
6	制造费用																	
7	管理费用																	
8	销售费用																	
9	缴纳增值税																	
10	企业所得税																	
11	其他支出																	
12	各项付现支出合计																	

（续表）

序号	项目名称	预算合计	第一季度				第二季度				第三季度				第四季度			
			1月	2月	3月	小计	4月	5月	6月	小计	7月	8月	9月	小计	10月	11月	12月	小计
三	投资活动现金净流量																	
13	加：投资活动现金流入																	
14	减：固定资产、基建技改投入现金																	
15	对外投资																	
四	现金多余或不足																	
16	加：向银行借款																	
17	向内部借款																	
18	减：还银行借款																	
19	还内部借款																	
20	借款利息等财务费用																	
五	期末现金余额																	

表 3-25 ××××年度投资预算表

编制单位：　　　　　　　　　　　　　　　　　　　　　　　　　　　　　　　　单位：元

序号	项目名称	预算合计	上年同期	第一季度				第二季度				第三季度				第四季度			
				1月	2月	3月	小计	4月	5月	6月	小计	7月	8月	9月	小计	10月	11月	12月	小计
1	收回投资现金流入																		
2	其中：																		
3																			
4	投资收益收回现金																		
5	其中：																		
6																			
7	处置固定资产收回现金																		
8	其中：																		
9																			
10																			
11																			
12	现金流入小计																		
13																			
14	权益性资本投资支付现金																		
15	其中：																		

(续表)

序号	项目名称	预算合计	上年同期	第一季度				第二季度				第三季度				第四季度			
				1月	2月	3月	小计	4月	5月	6月	小计	7月	8月	9月	小计	10月	11月	12月	小计
16																			
17																			
18	厂房、基建、技改、支付现金																		
19	其中：																		
20																			
21																			
22	购置固定资产支付现金																		
23	其中：																		
24																			
25																			
26	现金流出小计																		
27	投资活动现金净流量																		

填表说明：
本表由各单位和总部负责投资归口管理的部门填报，其中的固定资产、基建技改预算须单独编制。

表 3-26 ××××年度固定资产、基建技改预算表

编制单位：　　　　　　　　　　　　　　　　　　　　　　　　　　　　　　　　　　单位：元

序号	项目名称及内容描述	项目总金额	预算年度支出	第一季度				第二季度				第三季度				第四季度			
				1月	2月	3月	小计	4月	5月	6月	小计	7月	8月	9月	小计	10月	11月	12月	小计
1																			
2																			
3																			
4																			
5																			
6																			
7																			
8																			
9																			
10																			
11																			
12																			
13																			
14																			
15																			
16																			
17																			
18																			
19																			
20																			

填表说明：
本表由各单位和总部负责固定资产、基建技改的管理归口部门填报，"项目总金额"为该项目投资总额，不一定在当年全部付款。

表 3-27 ××××年度产品销售收入预算表

编制单位：　　单位：元

销售期间	本年预算		上年同期		同比增长		单价	单价含税	单价合价格	第一季度 1月		2月		3月		小计		4月		第二季度 5月		6月		小计		7月		第三季度 8月		9月		小计		10月		第四季度 11月		12月		小计	
产品名称/型号规格	销售量	销售额	销售量	销售额	销售量	销售额				销售量	销售额	销售量	销售额	销售量	销售额	销售量	销售额	销售量	销售额	销售量	销售额	销售量	销售额	销售量	销售额	销售量	销售额	销售量	销售额	销售量	销售额	销售量	销售额	销售量	销售额	销售量	销售额	销售量	销售额
产品销售合计																																								
预计收回货款																																								

填表说明：
1. 产品名称/型号规格应按产品类别进行分类；
2. 单台含税价格参考上一年度实际单价和本年度产品定价策略填写；
3. 销售额指含税销售收入。

企业全面预算管理

表3-28　××××年度产品销售成本预算表

编制单位：　　　　　　　　　　　　　　　　　　　　　　　　　　　　　　　　　　　　单位：元

生产期间	预计全年成本（含税）	单台成本预算		第一季度				第二季度				第三季度				第四季度			
产品类别	实际成本	直接材料	直接人工	制造费用	小计	1月 销量 成本	2月 销量 成本	3月 销量 成本	小计 销量 成本	4月 销量 成本	5月 销量 成本	6月 销量 成本	小计 销量 成本	7月 销量 成本	8月 销量 成本	9月 销量 成本	小计 销量 成本	10月 销量 成本	11月 销量 成本	12月 销量 成本	小计 销量 成本
生产合计																					

填表说明：

本表由生产部门负责填报，财务部门配合提供直接人工和制造费用数据。

表 3-29 ××××年度制造费用预算表

编制单位：　　　　　　　　　　　　　　　　　　　　　　　　　　　　　　　　　　　　单位：元

| 序号 | 费用项目 | 费用性质 | 本年预算 | 上年同期 || 同比增长 | 第一季度 |||| 第二季度 |||| 第三季度 |||| 第四季度 ||||
				1—9月实际	10—12月预计		1月	2月	3月	小计	4月	5月	6月	小计	7月	8月	9月	小计	10月	11月	12月	小计
1	工资																					
2	年终奖（分月预提）																					
3	福利费																					
4	社会保险费																					
5	住房公积金																					
6	补贴性费用																					
7	组织活动费																					
8	差旅费																					
9	办公费																					
10	电脑耗材																					
11	低值易耗品																					
12	电话费																					
13	邮寄费																					
14	运输费																					
15	水电费																					
16	修理费																					

（续表）

序号	费用项目	费用性质	本年预算	上年同期 1—9月实际	上年同期 10—12月预计	同比增长	第一季度 1月	2月	3月	小计	第二季度 4月	5月	6月	小计	第三季度 7月	8月	9月	小计	第四季度 10月	11月	12月	小计
17	会务费																					
18	招待费																					
19	培训费																					
20																						
21																						
22																						
23																						
24																						
25																						
26																						
27																						
28																						
	制造费用合计																					
	减：非付现费用																					
	现金支出合计																					

填表说明：
1. 本表由生产部门根据生产计划及本部门费用需求计算填列；
2. 费用项目可根据实际情况自行更改；
3. 费用性质区分固定费用和变动费用，以便预算平衡和执行对比；
4. 若有需说明事项，请另用附表说明。

表3-30 ××××年度其他业务利润预算表

编制单位：　　　　　　　　　　　　　　　　　　　　　　　　　　　　　　　　单位：元

序号	项目名称	项目分类	本年预算	上年同期			第一季度				第二季度				第三季度				第四季度			
				1—9月实际	10—12月预计	同比增长	1月	2月	3月	小计	4月	5月	6月	小计	7月	8月	9月	小计	10月	11月	12月	小计
1		其他业务收入																				
		其他业务支出																				
		其他业务利润																				
2		其他业务收入																				
		其他业务支出																				
		其他业务利润																				
3		其他业务收入																				
		其他业务支出																				
		其他业务利润																				
其他业务合计																						

其他业务收支预算依据陈述：

表3-31 ××××年度营业外收支预算表

编制单位：　　　　　　　　　　　　　　　　　　　　　　　　　　　　　　　　单位：元

序号	项目名称	本年预算	第一季度				第二季度				第三季度				第四季度			
			1月	2月	3月	小计	4月	5月	6月	小计	7月	8月	9月	小计	10月	11月	12月	小计
1																		
2																		
3																		
4																		
5																		
6																		
营业外收入合计																		
减：非付现费用																		
现金支出合计																		

营业外收入预算依据陈述：

（续表）

序号	项目名称	本年预算	第一季度				第二季度				第三季度				第四季度			
			1月	2月	3月	小计	4月	5月	6月	小计	7月	8月	9月	小计	10月	11月	12月	小计
1																		
2																		
3																		
4																		
5																		
6																		
营业外支出合计																		
减：非付现费用																		
现金支出合计																		

营业外支出预算依据陈述：

编制：　　　　　　　　　审核：　　　　　　　　　审批：　　　　　　　　　日期：　年　月　日

表 3-32　××××年度管理费用预算表

编制单位：　　单位：元

序号	费用项目	费用性质	本年预算	上年同期			第一季度				第二季度				第三季度				第四季度			
				同期金额		同比增长																
				1—9月实际	10—12月预计		1月	2月	3月	小计	4月	5月	6月	小计	7月	8月	9月	小计	10月	11月	12月	小计
1	工资																					
2	年终奖																					
3	福利费																					
4	社会保险费																					
5	住房公积金																					
6	补贴性费用																					
7	组织活动费																					
8	差旅费																					
9	办公费																					
10	电脑耗材																					
11	低值易耗品																					
12	电话费																					
13	邮寄费																					
14	运输费																					
15	水电费																					
16	修理费																					
17	会务费																					
18	招待费																					
19	培训费																					
20	咨询费																					

（续表）

序号	费用项目	费用性质	本年预算	上年同期			第一季度				第二季度				第三季度				第四季度			
				同期金额		同比增长	1月	2月	3月	小计	4月	5月	6月	小计	7月	8月	9月	小计	10月	11月	12月	小计
				1—9月实际	10—12月预计																	
21	招聘费																					
22	诉讼费																					
23	汽车费用																					
24	工会费用																					
25	行业会费																					
26	软件网络费																					
27	公告费																					
28	广告宣传费																					
29	排污绿化费																					
30	折旧费																					
31	资源使用费/租赁费																					
32	各项税金																					
33																						
34																						
	管理费用合计																					
	减：非付现费用																					
	现金支出合计																					

填表说明：
1. 本表由各职能部门根据工作计划及资源需求计算编列；
2. 费用项目可根据实际情况自行更改；
3. 费用性质分区固定费用和变动费用，以便预算平衡和执行对比；
4. 本表是利润预算表中管理费用的取数依据；
5. 若有需说明事项，请另用附表说明。

表 3-33 ××××年度销售费用预算表

编制单位：　　　　　　　　　　　　　　　　　　　　　　　　　　　　　　　　　单位：元

序号	费用项目	费用性质	本年预算	上年同期 1—9月实际	上年同期 10—12月预计	同比增长	第一季度 1月	2月	3月	小计	第二季度 4月	5月	6月	小计	第三季度 7月	8月	9月	小计	第四季度 10月	11月	12月	小计
1	工资																					
2	年终奖																					
3	福利费																					
4	社会保险费																					
5	住房公积金																					
6	补贴性费用																					
7	组织活动费																					
8	差旅费																					
9	办公费																					
10	电脑耗材																					
11	低值易耗品																					
12	电话费																					
13	邮寄费																					
14	运输费																					
15	水电费																					
16	修理费																					
17	会务费																					
18	招待费																					
19	培训费																					
20	咨询费																					

(续表)

序号	费用项目	费用性质	本年预算	上年同期 同期金额 1—9月实际	上年同期 同期金额 10—12月预计	上年同期 同比增长	第一季度 1月	第一季度 2月	第一季度 3月	第一季度 小计	第二季度 4月	第二季度 5月	第二季度 6月	第二季度 小计	第三季度 7月	第三季度 8月	第三季度 9月	第三季度 小计	第四季度 10月	第四季度 11月	第四季度 12月	第四季度 小计
21	招聘费																					
22	诉讼费																					
23	汽车费用																					
24	工会费用																					
25	行业会费																					
26	软件网络费																					
27	公告/检验检测费																					
28	广告宣传费																					
29	排污绿化费																					
30	折旧费																					
31	资源使用费/租赁费																					
32	各项税金																					
33																						
34																						
	销售费用合计																					
	减：非付现费用																					
	现金支出合计																					

填表说明：
1. 本表由销售部门根据工作计划及资源需求计算编列；
2. 费用项目可根据实际情况自行更改；
3. 费用性质区分固定费用和变动费用，以便预算平衡和执行对比；
4. 本表是利润预算表中销售费用的取数依据；
5. 若有需说明事项，请另用附表说明。

表 3-34 ××××年度财务费用预算表

编制单位：　　　　　　　　　　　　　　　　　　　　　　　　　　　单位：元

序号	项目名称	本年预算	上年同期		同比增长	第一季度				第二季度				第三季度				第四季度			
			同期金额			1月	2月	3月	小计	4月	5月	6月	小计	7月	8月	9月	小计	10月	11月	12月	小计
			1—9月实际	10—12月预计																	
1	利息支出																				
2	贴息支出																				
3	手续费																				
4	利息收入																				
5																					
6																					
7																					
8																					
	财务费用合计																				
	减：非付现费用																				
	现金支出合计																				

财务费用预算表依据陈述：

填表说明：
1. 本表在财务部门根据专业委员会提供的本年度投资预算和融资预算的基础上汇总编制；
2. 预算依据必须在陈述栏中填写清楚；
3. 本表是利润预算表中财务费用的取数依据。

第三章 预算编制

表3-35 ××××年度工资总额预算表

编制单位：　　　　　　　　　　　　　　　　　　　　　　　　　　　　　　　　　　　　单位：元

| 序号 | 部门名称 | 本年预算 | 上年同期 | 第一季度分解 ||||第二季度分解 ||||第三季度分解 ||||第四季度分解 ||||
				1月	2月	3月	小计	4月	5月	6月	小计	7月	8月	9月	小计	10月	11月	12月	小计
1																			
2																			
3																			
4																			
5																			
6																			
7																			
8																			

工资总额预算依据陈述：

填表说明：
1. 本表由人力资源部门根据人员三定方案计算编制；
2. 本表作为财务部门分管理费用、销售费用、制造费用、直接人工的依据；
3. 预算依据陈述部分由各单位人力资源部门统一编报，若内容较多可另附文档说明。

表 3-36　××××年度职工劳保／福利费预算表

单位：元

编制单位：

福利费项目	部门	全年平均人数	发放标准(元/人)	预算合计(元)	上年实际	按月分解福利费预算											
							1月	2月	3月	4月	5月	6月	7月	8月	9月	10月	11月	12月
春节福利	销售																
	生产																
	管理																
项目小计																	
中秋福利	销售																
	生产																
	管理																
项目小计																	
高温费	销售																
	生产																
	管理																
项目小计																	
部门小计	销售																
	生产																
	管理																
福利费合计																	

编制：　　　　　审核：　　　　　审批：　　　　　日期：　年　月　日

填表说明：
1. 福利费指用于员工工作服、劳保用品、中餐补贴、高温补贴、冷饮费(票)、医疗补贴、生活困难补助、节假日现金和食品(券)及纪念品、职工旅游等开支内容的费用，不得遗漏。
2. 福利费由归口部门统一预算，并按部门进行分解，福利费部门预算明细表作为附件一并上报；上年数据由财务部门配合填列。
3. 部门作为分清制造费用、管理费用、销售费用的依据。项目不够时，可自行添加。

表 3-37 ××××年度社会保险费/住房公积金预算表

编制单位：　　　　　　　　　　　　　　　　　　　　　　　　　　　　　　　　　单位：元

预算项目	参保人数	平均基数	预算合计（元）	上年同期		同比增长	按月份分解费用预算											
^	^	^	^	1—9月实际	10—12月预计	^	1月	2月	3月	4月	5月	6月	7月	8月	9月	10月	11月	12月
社会保险费																		
住房公积金																		

预算依据陈述：

编制：　　　　　　　　　　　　　审核：　　　　　　　　　　　　审批：　　　　　　　　　　　日期：　年　月　日

填表说明
本表由人力资源部门在工资规划的基础上依据费率计算填列（养老保险金：　　医疗保险金：　　失业保险金：　　生育保险金：　　工伤保险金：　　门诊统筹费：　　合计：　）。

企业全面预算管理

表 3-38　××××年度办公费／邮寄费／电脑耗材／低值易耗品预算明细表

编制单位：　　　　　　　　　　　　　　　　　　　　　　　　　　　　　　　　　　　　　　单位：元

序号	项目名称	预算合计（元）	上年实际	和上年比增减（%）	按月分解费用预算												
					1月	2月	3月	4月	5月	6月	7月	8月	9月	10月	11月	12月
1	办公费															
2	电脑耗材															
3	低值易耗品															
4	邮寄费															
	四项费用合计															

办公费预算依据陈述：办公费是指订书机、计算器、文件夹、笔记本、签字笔、固体胶、凭证印刷、购买发票等办公用具／办公用品上所发生的费用）

电脑耗材预算依据陈述：（电脑耗材是指复印纸、打印纸、墨盒、色带、U盘、鼠标、光纤等购买支出及电脑、打印机、复印机所产生的修理费用等）

低值易耗品预算依据陈述：（低值易耗品是指财务上不作为固定资产核算的各种用具物品，如价值较低的工具、器具、文件柜、保险柜、普通办公桌椅等）

邮寄费预算依据陈述：

审批：　　　　　　　　　　　审核：　　　　　　　　　　　编制：　　　　　　　　　　　日期：　　年　　月　　日

填表说明：
上述预算依据陈述若内容较多，可另附陈述报告。

表 3-39 ××××年度组织活动费预算表

编制单位：　　　　　　　　　　　　　　　　　　　　　　　　　　　　　　　　　　　　　单位：元

序号	项目名称	预算合计（元）	上年同期	第一季度				第二季度				第三季度				第四季度			
				1月	2月	3月	小计	4月	5月	6月	小计	7月	8月	9月	小计	10月	11月	12月	小计
1																			
2																			
3																			
4																			
5																			
6																			
7																			
8																			
9																			
10																			
组织活动费合计																				
组织活动费预算依据陈述：（内容包括但不限于：事由/目的/人员/费用/活动方案等）																				

编制：　　　　　　　　　　　审核：　　　　　　　　　　　审批：　　　　　　　　　　　日期：　年　月　日

填表说明：

本表由各单位行政管理部门、总部各职能部门在系统策划的本年度员工组织活动的基础上统一填报。

企业全面预算管理

表3-40　××××年度电话费预算表

编制单位：　　　　　　　　　　　　　　　　　　　　　　　　　　　单位：元

序号	部门	电话号码	本年预算	上年实际	同比增长	使用人员	预算依据陈述
1							
	部门小计						
2							
	部门小计						
3							
	部门小计						
4							
	部门小计						
	合计						

编制：　　　　　　　　　　审核：　　　　　　　　　　审批：　　　　　　　　　　日期：　年　月　日

填表说明：
1. 该表由各部门按电话号码和使用人员分别编制，上年实际数据由财务部门配合提供；
2. 预算依据陈述可另附文档详细说明；
3. 在本表基础上可平均分解年度预算。

表 3-41　××××年度个人差旅费预算明细表

部门：　　　　　　　　　　　　　　　　　　　　　　　　　　　　　　　　　　　　　　　单位：元
出差人员：

月份	出差事由描述及费用预算陈述	预计出差天数	交通工具	预算合计	差旅费明细项目分解						上年实际
					交通费	住宿费	伙食补贴	交通补贴	通信补贴	节约奖励	其他费用	
1												
2												
3												
4												
5												
6												
7												

(续表)

月份	出差事由描述及费用预算陈述	预计出差天数	交通工具	预算合计	差旅费明细项目分解							上年实际
					交通费	住宿费	伙食补贴	交通补贴	通信补贴	节约奖励	其他费用	
8												
9												
10												
11												
12												
差旅费合计												

编制：　　　　　　　　　　审核：　　　　　　　　　　审批：　　　　　　　　　　日期：　　年　　月　　日

填表说明：
1. 本表由出差人员本人在工作规划的基础上填写，部门汇总上报；
2. 表中每月可填三项出差事项，若某月事项较多可增加行次；
3. 若预算不准将导致报销程序复杂化。

218

表 3-42 ××××年度部门差旅费预算明细表

部门：　　　　　　　　　　　　　　　　　　　　　　　　　　　　　　　　　　　　　单位：元

序号	出差人员	本年预算	上年实际	和上年比较（%）	第一季度				第二季度				第三季度				第四季度			
					1月	2月	3月	小计	4月	5月	6月	小计	7月	8月	9月	小计	10月	11月	12月	小计
1																				
2																				
3																				
4																				
5																				
6																				
7																				
8																				
9																				
10																				
11																				
12																				
13																				
14																				
15																				
部门合计																				

编制：　　　　　　　　　审核：　　　　　　　　　审批：　　　　　　　　　日期：　年　月　日

填表说明：
本表由各部门在个人差旅费预算明细表的基础上汇总填报，作为本年度本部门差旅费预算考评的依据，可另附文档详细陈述预算依据。

表 3-43　××××年度个人招待费预算明细表

部门：　　　　　　　　　招待人：　　　　　　　　　　　　　　　　　　　　　　　　　　　单位：元

月份	上年实际	本年预算合计	业务招待费明细项目预算分解							
			餐饮		娱乐		送礼		其他	
			金额	招待事由及测算依据	金额	招待事由及测算依据	金额	招待事由及测算依据	金额	招待事由及测算依据
1										
2										
3										
4										
5										
6										
7										

第三章 预算编制

（续表）

业务招待费明细项目预算分解

月份	上年实际	本年预算合计	餐饮		娱乐		送礼		其他	
			金额	招待事由及测算依据	金额	招待事由及测算依据	金额	招待事由及测算依据	金额	招待事由及测算依据
8										
9										
10										
11										
12										
合计										

编制： 审核： 审批： 日期： 年 月 日

填表说明：
1. 本表由招待人在全年工作周密视划的基础上填写；
2. 表中每月可填三项招待事项，若不够填写可增加行次；
3. 销售部门的招待费根据招待费相关制度，按比例计算；
4. 对招待较多的个人，如总裁、副总裁、总经理、销售人员、采购部长等，应以个人为单位单独编制招待费预算，在此基础上汇总编制部门招待费预算。

221

企业全面预算管理

表3-44 ××××年度部门招待费预算明细表

部门：　　单位：元

月份	上年实际	本年预算合计	业务招待费明细项目预算分解							
			餐饮		娱乐		送礼		其他	
			金额	招待事由及测算依据	金额	招待事由及测算依据	金额	招待事由及测算依据	金额	招待事由及测算依据
1										
2										
3										
4										
5										
6										
7										

第三章 预算编制

(续表)

业务招待费明细项目预算分解

月份	上年实际	本年预算合计	餐饮		娱乐		送礼		其他	
			金额	招待事由及测算依据	金额	招待事由及测算依据	金额	招待事由及测算依据	金额	招待事由及测算依据
8										
9										
10										
11										
12										
合计										

业务招待费预算陈述：

编制：　　　　　　审核：　　　　　　审批：　　　　　　日期：　年　月　日

企业全面预算管理

表 3-45　××××年度差旅费/招待费预算表

编制单位：　　　　　　　　　　　　　　　　　　　　　　　　　　　　　　　　　　　　　　　单位：元

序号	部门名称	项目	上年实际	本年预算	第一季度				第二季度				第三季度				第四季度			
					1月	2月	3月	小计	4月	5月	6月	小计	7月	8月	9月	小计	10月	11月	12月	小计
1		差旅费																		
		招待费																		
2		差旅费																		
		招待费																		
3		差旅费																		
		招待费																		
4		差旅费																		
		招待费																		
5		差旅费																		
		招待费																		
6		差旅费																		
		招待费																		
费用合计																					

编制：　　　　　　　　　　　审核：　　　　　　　　　　审批：　　　　　　　　　　日期：　年　月　日

填表说明：
本表由财务部门在部门差旅费/部门招待费的基础上汇总编制而成，应设置公式将相关数据从基础表格中自动取数，确保数据准确无误。

表 3-46　××××年度汽车费用预算明细表

车牌号：　　　　　使用部门：　　　　　使用人：　　　　　单位：元

期间	合计	保险费	车检费	养路费	汽油费	通行费	维修保养费	停车费	公交卡	扣除结算收回	其他
上年实际											
本年预算											
1月											
2月											
3月											
4月											
5月											
6月											
7月											
8月											
9月											
10月											
11月											
12月											

编制：　　　　　审核：　　　　　审批：　　　　　日期：　年　月　日

填表说明：
1. 本表按车牌号编制，由汽车使用人员在全年工作规划的基础上认真填写，上年实际数据由财务部门配合提供；
2. 若有表中未列明的费用项目，请在"其他"中增添填写。

表 3-47 ××××年度汽车费用预算汇总表

编制单位：　　　　　　　　　　　　　　　　　　　　　　　　　　　　　　　　　　单位：元

序号	车牌号	车辆类型	使用部门	上年同期	本年预算	1月	2月	3月	4月	5月	6月	7月	8月	9月	10月	11月	12月
1																	
2																	
3																	
4																	
5																	
6																	
7																	
8																	
9																	
10																	
11																	
合计																	

编制：　　　　　　　　　审核：　　　　　　　　　审批：　　　　　　　　　日期：　年　月　日

填表说明：
本表由车辆管理部门或财务部门在汽车费用预算明细表的基础上汇总编制，相关数据应设置成从附表中自动取数，确保数据准确无误。

表 3-48　××××年度会务费预算表

编制单位：　　　　　　　　　　　　　　　　　　　　　　　　　　　　　　　　　　　单位：元

时间安排	会务费主要内容描述	会议天数	上年实际	本年预算合计	会务费明细项目分解						
^	^	^	^	^	展位费	餐饮费	场租费	会场布置	奖励费	娱乐费	会务费	扣除结算收回	其他
1月													
2月													
3月													
4月													
5月													
6月													
7月													
8月													
9月													
10月													
11月													
12月													
会务费合计													

编制：　　　　　　　　　审核：　　　　　　　　　审批：　　　　　　　　　日期：　年　月　日

填表说明：
1. 本表由会议组织人员在全年工作系统规划的基础上填写；
2. 举办或参加供应商大会/经销商大会/大型车展等费用较高的会议，还须提供单项会务费详细预算方案。

表3-49 ××××年度广告宣传费预算表

编制单位：　　　　　　　　　　　　　　　　　　　　　　　　　　　　　　　　　　单位：元

时间安排	广告宣传费主要内容描述	上年实际	本年预算合计	广告宣传费明细项目分解					
				名片印刷	宣传画册	横幅	拱门	报刊印刷	媒体广告
1月									
2月									
3月									
4月									
5月									
6月									
7月									
8月									
9月									
10月									
11月									
12月									
广告宣传费合计									

审批：　　　　　　　　　审核：　　　　　　　　　编制：　　　　　　　　　日期：　年　月　日

填表说明：
1. 本表由负责广告宣传业务的人员在全年工作系统规划的基础上填写；
2. 对单项费用在1万元及以上的广告宣传业务，还须提供单项费用详细预算方案。

表 3-50 ××××年度培训费/咨询费/招聘费/行业会费预算表

编制单位：　　　　　　　　　　　　　　　　　　　　　　　　　　　　　　　　　　　　　单位：元

序号	培训费项目内容描述	预算金额依据	时间安排	费用	序号	咨询费项目内容描述	预算金额依据	时间安排	费用
1					1				
2					2				
3					3				
4					4				
5					5				
6					6				
7					7				
8					8				
9					9				
10					10				
11					11				
12					12				
13					13				
14					14				
培训费合计					咨询费合计				

(续表)

序号	招聘费项目内容描述	预算金额依据	时间安排	费用	序号	行业会费项目内容描述	预算金额依据	时间安排	费用
1					1				
2					2				
3					3				
4					4				
5					5				
6					6				
7					7				
8					8				
9					9				
10					10				
11					11				
12					12				
13					13				
14					14				
招聘费合计					行业会费合计				

编制：　　　　　　　　审核：　　　　　　　　审批：　　　　　　　　日期：　年　月　日

填表说明：
本表由职能归口部门在全面规划本年相关工作的基础上汇总编制，若内容较多，可另附文档陈述，如培训计划、招聘计划等。

第三章 预算编制

表3-51 ××××年度修理费／软件网络费／公告费／诉讼费预算表

编制单位：　　单位：元

序号	修理费项目内容描述	预算金额依据	时间安排	费用
1				
2				
3				
4				
5				
6				
7				
8				
9				
10				
11				
12				
13				
14				
修理费合计				

序号	软件网络费项目内容描述	预算金额依据	时间安排	费用
1				
2				
3				
4				
5				
6				
7				
8				
9				
10				
11				
12				
13				
14				
软件网络费合计				

企业全面预算管理

（续表）

序号	公告费内容描述（含检验检测等）	预算金额依据	时间安排	费用	序号	诉讼费内容描述（含律师费用、法院费用）	预算金额依据	时间安排	费用
1					1				
2					2				
3					3				
4					4				
5					5				
6					6				
7					7				
8					8				
9					9				
10					10				
11					11				
12					12				
13					13				
14					14				
公告费合计					诉讼费合计				

编制： 审核： 审批： 日期： 年 月 日

填表说明：
本表由职能归口部门在全面规划本年相关工作的基础上汇总编制，若内容较多，可另附文档陈述，如大修理计划、诉讼计划等。

表3-52 ××××年度水电费/工会费等费用预算表

编制单位：　　　　　　　　　　　　　　　　　　　　　　　　　　　　　　　　　　　　单位：元

序号	项目名称	本年预算	上年实际	和上年比较(%)	第一季度					第二季度					第三季度					第四季度				
					1月	2月	3月	小计	4月	5月	6月	小计	7月	8月	9月	小计	10月	11月	12月	小计
1	水电费																				
2	工会费																				
3	财产保险费																				
4	资产摊销费																				
5	资源使用费																				
6	补贴性费用																				
7	排污绿化费																				
8	总裁预留基金																				
	费用合计																				
1	水电费预算依据陈述：
2	工会费预算依据陈述：
3	财产保险费预算依据陈述：
4	资产摊销费预算依据陈述：
5	资源使用费预算依据陈述：
6	补贴性费用预算依据陈述：
7	排污绿化费预算依据陈述：
8	总裁预留基金预算依据陈述：

编制：　　　　　　　　　　审核：　　　　　　　　　　审批：　　　　　　　　　　日期：　年　月　日

填表说明：本表由财务部门牵头，参照上年数据，由其他相关部门配合编制。

表 3-53 ××××年度税金预算表

编制单位：　　　　　　　　　　　　　　　　　　　　　　　　　　　单位：元

序号	项目名称	上年实际	本年预算	第一季度				第二季度				第三季度				第四季度			
				1月	2月	3月	小计	4月	5月	6月	小计	7月	8月	9月	小计	10月	11月	12月	小计
1	城建税																		
2	教育费附加																		
3	房产税																		
4	车船使用税																		
5	土地使用税																		
6	契税																		
7	关税																		
8	印花税																		
9	水利建设基金																		
10																			
11																			
12																			
13																			
费用中列支税金小计																			

第三章 预算编制

(续表)

序号	项目名称	上年实际	本年预算	第一季度				第二季度				第三季度				第四季度			
				1月	2月	3月	小计	4月	5月	6月	小计	7月	8月	9月	小计	10月	11月	12月	小计
14	增值税																		
15	企业所得税																		
16																			
17																			
	税金合计																		

税金及附加预算依据陈述：

编制： 审核： 审批： 日期： 年 月 日

表 3-54 ××××年度预算目标、行动方案及资源需求分析表

预算目标					
工作事项					
完成标准					
责任部门	部门负责人		责任人		起止时间
方法措施					
实施步骤	步骤描述			完成标准	起止时间
资源需求	资源需求名称	用途/目的	资源需求详细计划（计算或分析依据）		
预计产出	产出成果名称	用途/目的	产出成果详细说明（计算或分析依据）		

第四章

预算执行

第四章 预算执行

预算控制

一、费用报销的悖论

财务部门执行费用报销管理办法为什么管不住费用呢？因为那已经是钱变成纸的事后管理了，对既成事实的管理是无效的管理！不信的话，请财务经理和总经理好好回忆一下，在你的签字生涯中到底有几笔费用被你否决了。

案例 4-1

业务员小李有一个 500 万元的意向合同谈得差不多了。对方老板说："小伙子，给了你这么大的一个订单，你应当请我吃顿饭吧。"两人一落座，客户就说："服务员，来瓶茅台。"小李也知道自己单次报销的限额是 1000 元，本来想请客户喝伊力特，现在既然客户开口了，也只好作罢。酒足饭饱去结账，小李傻眼了，账单 3500 元。第二天小李忐忑不安地去找销售经理签字。以下有三个选项，你如果是小李的经理，会选择哪一项？

A. 能够理解，提醒业务员下回注意后，就签字同意。

B. 严格按照公司制度办事，不予批准。

C. 提笔签字，然后让业务员先报报看，如果会计不肯报销那就再说。

239

估计你选择 B 的可能性不大，因为你也是做业务出身的，对业务员的处境感同身受，很能理解业务员的苦衷，所以批准了。

选 A 的一般是刚刚坐上销售经理位置的人，经验尚不够丰富，为人处世尚不够圆滑。多年做销售、经验丰富的人会选 C。他会说："你先去财务那里报报看，如果他们不肯报你再跟我说，我去做工作。"小李此时就会对他的领导心存感激。结果财务果真不给小李报销。销售经理会接着去找总经理，一番豪言壮语或花言巧语，总经理大笔一挥，签字同意。销售经理顺利通过了总经理这一关，这回轮到财务经理尴尬了。该怎么办？这里也有三个选项：

A. 按制度规定拒绝报销。

B. 只报销公司规定的部分，其余不报。

C. 要求业务员写个情况说明，再去找总经理审批。

选 A 或选 B 的财务经理大有人在，他们坚持原则，认为为公司把关是一个财务人的底线。尤其是刚被提拔到财务经理或财务总监岗位上的人，他们深感责任重大，义无反顾地坚守财务管理制度。结果导致财务部门和业务部门矛盾尖锐，冲突不断。更可悲的是，他们得不到总经理的理解和支持，总经理责怪财务部门的工作一管就死，一放就乱。

终于，有些财务人员在长期的对"敌"斗争中成长起来，也变得圆滑起来。他们要求业务员对于费用超标写个情况说明，再自己去找总经理审批。长此以往，财务部门不知不觉间变成了傀儡。

这里有一个关键点财务人员做错了。费用超标后应该是业务员写好情况说明，财务人员首先判断该报还是不该报，要有自己的主张，然后由财务人员出面去找总经理最终决定报还是不报，而不是躲在幕

后，让业务员自己去找总经理。

财务人员如果不太了解业务，实在难以判断，那么就主动、谦虚地向总经理请教这种情况该如何处理。在总经理的长期辅导下，财务人员的能力素质就会迅速得到提升。

在这个案例中，最终是违背财务管理制度把3500元的费用给报销了。究竟哪个环节出了问题？其实哪儿也没错。因为，对既成事实的管理本来就是无效的。

所以，我们提倡企业要进行预算控制。企业用费用报销管理的办法来管控费用，是不会有理想效果的，因为那是对既成事实的无效管理。预算控制为什么能够管住费用呢？因为它在你做事、花钱之前就参与进来了，重点在于事前控制和过程控制，而不是事后诸葛亮。

二、传统预算的弊端

传统预算就是由财务部门主导编制和控制的预算。财务部门不在业务一线，不太了解业务，其编制预算只能参考历史数据，无法预测未来数据，更无法设计实现目标的业务路径和资源路径。用这个预算来控制业务行为，无疑把预算变成了业务的紧箍咒，是对业务的无理干预和瞎指挥。传统预算带来的后遗症是会害死企业的：

① 导致业务部门对外部环境变化反应迟钝或不作反应，丧失市场机遇；

② 财务预算重点放在降低成本费用上，不关心市场的拓展、能力的提升和价值的创造；

③ 怂恿预算过程中的赌徒心态和游戏行为，如年初抢指标、年末抢花钱等；

④ 片面强调控制业务，脱离公司战略、组织目标、计划管理和运营管理；

⑤ 预算编制不合理，控制又太僵化，导致业务部门设置障碍、消极对抗。

案例 4-2

有一家公司面临经营危机，准备大裁员，年初下达预算目标的时候，每个职能部门都有裁员指标。半年过去了，销售部门终于完成了裁员指标。7月，销售总监找到人力资源总监，说认识一位刚从国外回来的销售精英，想把他招进来。人力资源总监说："现阶段是整体裁员，这时候怎么能招他进来呢？我们必须维护预算管理的刚性和严肃性。"

双方相持不下，去找总经理定夺。总经理轻描淡写地说了这么一句话："总不能让这样的高手到竞争对手那儿去吧。"

这样的总经理值得尊敬，因为他不受预算控制的限制，他很清楚地知道，不管是裁员还是招人，都是为了公司的发展。预算管理只是手段，不是目的。预算管理的目的是更好地服务业务、支持业务、促进业务，实现收入目标和利润目标。

三、动态预算的性质

动态是指随时随地的变化。一个星期、一个月、一个季度、半年度、一个年度等都不是动态的反映，而是定期的反馈。业务一有变化，预算就应当动态地跟进。预算是面向未来的，而当前的环境突变是有史以来从没有过的，这就给预算管理带来了非常大的困难和挑战。所以，必须更加强调预算的动态性质，更加突出一线人员的主观能动性，及时捕捉环境变化，及时判断业务路径是否要调整、资源路径是否要跟上。

动态预算有三个特点。

1. 基于业务

计划（业务路径）和预算（资源路径）是实现目标的两条路径保障。在预算编制阶段，要反映业务对资源的需求，促使业务部门找到更为合理有效的行动方案；在预算执行阶段，要调整业务对资源的需求，以快速变动的市场和业务来调整预算。

2. 动态

既然预算是基于业务的，而业务是动态变化的，所以预算也是动态的。有很多培训老师说，预算执行偏差一般要控制在10%以内。这种观点就是拿预算限制业务、约束业务，或者要求基本做到对未来的事项未卜先知，明显违背了预算基于动态业务的本质。在预算动态性质的指导下：

① 预算可以超，可以变。在执行预算的时候，若需要追加资源投入，预算应当及时跟进。

② 预算执行的时候，业务活动完成了，相应的预算若有结余，一律不得使用。

③ 预算执行的时候，必须对时间、空间、环境等客观条件和能力等的改变做出相应调整。

3. 按需

业务部门在业务一线，在市场前沿，他们最清楚外部环境的变化，所以一般由业务部门提出预算调整的需求。但是，资源是公司的，需要公司来决定资源的投放。业务要证明需求的必要性，公司要判断理由的合理性。

从预算管理的上述三个特征来看，预算不是高铁时刻表，非遵循不可，它或许可以比作导航仪，可以理解为参照物。导航仪会明确指出通往目的地港口的路线，但是在实际航行中，船可能会为了避开暴风雨临时绕道，可能会在浓雾中放慢速度，可能会在躲避飓风时停下来，甚至可能会改变目的地或者打道回府。当然，如果没有导航仪的指引，船很难或者无法找到正确的港口。

案例 4-3

年底结算后，人力资源部尚有 10 万元的招聘费预算结余，由于该招的人还没有招到，人力资源部经理要求，将结余的钱转到明年用。请问你的意见如何？

分析

预算是为实现特定目标服务的，是基于动态业务的，没有目标就不需要预算，没有业务也不用花预算。今年的招聘目标没有全部完成，相关的业务行为没有全部发生，导致招聘预算有结余。明年的招聘目标是否有改变，相应的业务行为是否会发生，现阶段还不清楚，但已经明确的是，今年的招聘行为已经结束，业务停止，相应的预算投入也应当停止。明年若目标继续，招聘业务继续，预算资源继续投入；明年若取消猎头招聘，改为内部培养，则不必做相应的预算。

所以，对预算结余的处理建议如下：

预算项目的月度结余和季度结余可以结转至下期继续使用，但是不得转入下一年度预算，不得将预算结余单纯地用于发放奖金。

另外，对一年以上的实行项目管理的项目预算，项目周期内可以结转余额，但是项目周期结束时，余额不再结转，应关闭该项目。

四、预算控制的规则

1. 全面控制

只要是公司的资源，只要能进行货币计量，就要纳入预算管理的范畴。

螺钉螺帽、拖把扫帚是不是公司的资源？可不可以进行货币计量？是的，可以，所以要纳入预算管理的范畴。

需要注意的是，企业自创的商誉、专有技术、文化品牌建设等不能用货币计量，所以难以纳入预算管理范畴。

如果不坚持全面控制原则，实践中会出现什么问题呢？销售总监会跟总经理说："实行预算管理不应排斥授权管理啊，我们销售人员经常在外面跑业务，买支笔、印盒名片之类的如果都要财务总监审核、总经理审批，那么流程效率就太低了。"总经理一听觉得很有道理，于是对销售总监说："这样吧，你回去列个清单报给我，以后只要是清单内的事项，你们看着办就好了。"销售部门这样做，其他部门也不傻，都把清单报了上来。结果，所谓的全面预算管理就被各种各样的清单冲击得支离破碎。公司资源应当先收进来，再通过授权放出去，做到收放自如。

2. 唯一控制

实行预算管理后，就只有预算这个唯一的渠道，不允许有预算外。大家可能不理解，怎么可能没有预算外呢？一定有当初编制预算的时候没有考虑到的事项，一定会有预算调整的时候。请注意，我们说的没有预算外，是承认有例外，预算没有考虑到的事项统称为例外事项。刚开始实行预算管理的企业，可能例外事项特别多，不要担心，预算是对未来的预测和思考，没有人能做到在所有事情上都未卜先知，例外事项可以通过预算调整程序纳入预算管理渠道。

但是，很多公司在这方面都进入了误区，他们除了预算内管理，还有预算外管理、超预算管理，分别制定了不同的审批程序，安排不同的审批人员，搞得预算管理十分复杂。

有一家民营公司，公司总经理是重金聘请的职业经理人。他们开始实行预算管理时，老板跟咨询团队说："要不这样吧，预算内的事项由总经理审批，预算外和超预算的项目让我来批好了。"假设设备坏了，修理费预算不够，按照这家公司的做法，是不是修理费也要董事长来审批？这样一来，董事长和总经理立即变得职责不清、权责不明，管理就混乱了。

此外，不少公司实施全面预算管理后，都会成立一个预算管理委员会，让其审批超预算的、预算外的事项。然而，预算管理委员会最终往往变成草台班子，对预算管理的推进没有实质意义。

所以，我们强烈建议：实行预算管理，就不要搞什么预算外管理。预算外管理是预算管理的天然杀手。解决方法非常简单，只需将例外事项通过正常的预算调整程序纳入预算管理渠道。

3. 事前控制

很多单位以为年度预算编制出来就万事大吉了，以为把公司的资源分解到各个职能部门，预算就成了部门的囊中之物，想用就用，只要不超预算，事后拿发票到财务报销就好了。如果花不完，就借给或送给别的部门。比如，一家单位销售部门的招待费预算到 11 月底已经花完了，销售总监听说财务部门的招待费还有 50 万元的结余，于是和财务总监商量，把 50 万元的招待费结余借给销售部门，销售部门明年做预算的时候加倍还给财务部门。这种荒唐的做法导致预算在执行阶段的事前控制变得毫无意义，硬生生地打断了预算管理的一只脚——预算执行的过程控制。

我们的观点是：当初虽然各部门都有自己的部门预算，但是实际使用前还必须经过公司的审批。比如说，年初销售部门的广告费预算是 5000 万元，3 月、6 月、10 月、12 月计划分别投放 1000 万元、2000 万元、1000 万元、1000 万元，财务总监和总经理在预算答辩会上通过了这一项预算支出。但是 3 月需要使用这 1000 万元的广告费预算时，销售部门是需要提出申请然后报经审批的，而不是年初有了预算，到时候直接用就可以了。为什么要这么做呢？动态预算的性质其实已经说得很明白：去年 10 月编制的预算，等到今年 3 月执行的时候，环境、条件、能力等全都变化了，难道还要死死地守住预算去执行吗？这个时候必须重新思考一遍：当初编制预算的假设条件是否变化，如何变化？广告投放的业务路径是否需要改善？广告业务的资源路径是否高效？这样一思考，销售总监可能会发现，原来的广告投放全部是按传统思路在运作：在地铁、公交、路牌、电视、电影、报纸上打广告，请明星代言等，如果切换到互联网思维，用新媒体方式去宣传呢？到达率会更高，效果会更好，花钱会更省！这就是预算管理过程控制带来的效果。

全面预算管理的语言是投入产出效率，通过预算管理的"两道过滤保障和双重渠道控制"（编制阶段过滤一次，执行阶段过滤一次；业务渠道论证一次，公司渠道审核一次），就能保障所有项目的投入产出效率尽可能地最大化。

预算编制阶段，业务部门需要回答：为什么做这件事（业务路径）？为什么花这些钱（资源路径）？财务负责人和企业负责人判断其所说的依据和理由是否充分合理。

预算执行阶段，因为编制和执行的时间差带来的一系列不确定的变化，业务部门需要再一次回答：为什么做这件事？为什么花这些钱？如果需要调增预算，业务部门需要回答：外部环境是如何变化的？外部环境变化是如何影响目标实现的？公司判断其申请预算调整的理由和依据是否充分合理。

并不是说经过预算管理的两道过滤保障和双重渠道控制，资源投放就万无一失，但是这样做比拍脑袋决策、拍胸脯保证、拍屁股走人强太多了，比直觉管理、感觉管理、感性管理好太多了。

五、预算控制的方法

动态预算的控制规则把企业能够用货币计量的所有资源全部纳入预算管理，并且这些资源在实际投入前必须经过事前控制环节。所有这些规则其实都是属于"收"的部分,如果只收不放,就会把企业管死,那么如何做到收放自如呢?

1. 重要性控制

首先,建议你对公司所有的资源项目按照 20/80 法则做一次分类,20% 的项目占用了公司 80% 的资源。对金额较大的或性质重要的项目,要进行事前控制。这些资源项目对企业而言非常重要,需要公司层面审批才能使用,其他资源项目可以授权职能部门负责人控制,此所谓"抓大放小"。

哪些项目属于性质重要的?即企业里有些金额占用不是太大,但是管理不善的话,会导致徇私舞弊或效率低下的项目,例如笔记本电脑及其配件、摄像摄影器材、个人办公设备等,具体可由企业根据自身情况来定。

哪些项目属于金额较大的?企业情况各不相同,很难统一定调,但是可以从两个维度来判断:第一,公司规模大小;第二,总经理个人偏好。第一点比较容易理解,但是很多人都忽视了第二点。下面通过一个案例来加深大家在这方面的体会。

案例 4-4

有一次我们在一家民营企业做预算管理咨询项目,其总经理要求咨询团队量化什么情况下要进行事前控制。我们就在预算管理制度上写了这么一条:单笔支出金额在 1 万元以上的,必须填报预算使用申请单。总经理表情夸张地说:"不会吧?单笔支出 1 万元以上?"我赶紧安抚他说:"王总,没关系的,我们只是在抛砖引玉,具体金额可以调整的。要不，改为单笔支出10万元以上？"王总更加着急了："什么？10万元？干吗要定为10万元？"我一看不对，赶紧调整过来："那么王总你看，单笔支出金额定为多少比较合适？"结果王总说1000元还差不多。这次轮到我们大吃一惊了。这说明王总是一个不肯放权、不会授权的人，大小事情非自己一把抓不可。

后来在另一家企业做咨询的时候，我们主动把上述条款写进预算管理制度。其总经理一看也是大吃一惊："不会吧？单笔支出1万元以上？"我吸取了上次教训，征求他的意见："要不，改为单笔支出1000元以上？""什么？1000元？你是怎么考虑的？我觉得改为100万元还差不多。"这回又轮到我张口结舌了。这个时候，他们财务总监插话说："总经理，单笔支出金额定为100万元，那么一年到头也没有几笔需要您审批的了，我担心他们在资源投入上会失控。"总经理说："我们要充分相信下属，授权下属，他们在经营管理一线，他们才听得见枪炮声，决策权需要前移，需要他们自主判断。再说了，他们的所作所为不是还有你们财务和审计部门监控着的嘛。"

2. 总额控制

金额较大的或性质重要的资源项目已经纳入重要性控制范围，企业剩下的80%的项目占用公司资源的20%，比如螺钉螺帽、抹布扫帚之类，这类资源项目完全可以授权职能部门负责人自我管理、自我控制。这种方法就叫作总额控制。例如财务部门的办公费，去年实际发生额是50万元，今年本着积极预算的原则，办公费总额要求控制在45万元以下。在预算指标内，办公费随便财务部门怎么花，无须进行过程控制，但是45万元花完了，对不起，不再调整预算，不再报销任何办公费发票。如果财务部门确实还需要添置办公用品，由财务负责人自掏腰包解决，因为他没有履行好公司授权给职能部门负责人的费用管控职责。

总额控制是对重要性控制的一个补充和分流，否则某个部门买箱打印纸、某个员工出差在哪里住一个晚上，都需要事前报财务总监审核、总经理审批，那么这两个人将会忙得不亦乐乎，根本无法将时间、精力集中在公司大事上，公司的流程运作效率将无从谈起，而且各职能部门负责人的主观能动性被完全限制了，经办人员的自动自发、自主思考精神被完全扼杀，这绝不是实行预算管理的初衷。

3. 绩效控制

如果你没有企业预算管理实践经验，可能会觉得上述两种方法相得益彰，互为补充，可是一实践，你会立即发现操作不下去。

案例 4-5

有一年公司预算已经审批下发，财务部门的差旅费预算是50万元。在执行过程中，这个预算项目在公司不属于事前控制，而属于总额控制项目。意思是财务人员每次出差前不需要填报预算使用申请单，只要在50万元总额以内，拿发票来实报实销就好了，若超出预算，不得调增预算，不得继续报销差旅费。

我对财务部门以前年度发生的差旅费做了一次统计分析，发现一半以上的差旅费是财务经理和财务总监使用的，而这些差旅费的发生大部分是为了完成总经理下达的额外的临时任务。也就是说，财务部门的差旅费并不是财务团队能控制的，很大的不确定性来自总经理，他如果隔三岔五地让财务人员出差,那么,差旅费预算很可能不够用。

于是我去和总经理商量。总经理说:"你的意思是,财务人员去哪里出差、花多少钱也要事先报我这里来审批?这对公司来说难道也是金额很大或性质重要的事项吗?什么事情都要报到我这里来审批,你们究竟是推卸责任还是能力不够?我又没有三头六臂,否则还要你们这些左膀右臂干什么?!"

差旅费这个项目,纳入重要性控制感觉很勉强,总经理不愿管得过宽,他希望充分对下属授权;而部门负责人觉得在这个项目上不能完全受控,存在太多的不确定性,又不愿意个人承担超过标准的差旅费。这种现象在企业里并不少见。于是,第三种预算控制方法应运而生,那就是绩效控制。

我向总经理提议,对于之前纳入总额控制的项目,做进一步分析和分类。有些项目存在着很大的不确定性,比如修理费,谁都不知道这台空调到了夏天会不会出毛病,那台机器设备会不会突然"趴窝";有些项目,部门负责人不一定完全可控,比如差旅费、招待费。所以,建议对这些项目从总额控制改为绩效控制。操作思路是,针对这些项目,使用的时候不需进行事前控制,可以以月度、季度或半年为单元进行差异分析和纠偏,若超预算了,责任人必须详细说明原因。客观的、外部环境所致的,不予追究责任;主观的、管理不善导致的,必须计入绩效考核,并责成其提交改进方案。具体如何运作,后面的预算分析和预算考核小节会有详细说明。

预算审批

一、为什么有了预算，使用预算还要审批

实行预算管理的企业，由于大部分总经理和高管并不明白预算管理的原理和运行机制，所以在预算执行阶段常常出现五花八门的问题，或者根本就没有按预算执行。很多企业的高管都是这样理解的：预算一编好，公司资源这块蛋糕就被分解到各个职能部门，至于我分到的这块蛋糕怎么吃、给谁吃，那是我的事情，只要不超标，公司就管不着，也不应该管。

前面反复强调过，预算是公司的理性行为，而不是职能部门的为所欲为；预算资源是公司的有限资源，而不是职能部门的囊中之物。预算资源不等于必须投入的资源，预算使用之前是需要经过审批程序的。

预算只是一个预测，是基于业务的动态预算，业务是随时随地不断变化的。所以，执行预算的时候，需要围绕目标再一次思考：

- 环境有没有变化？如何变化？对目标有何影响？
- 当初预算编制有没有问题？业务路径和资源路径有没有可能进一步优化？有没有新的思路、新的创意、新的方案？
- 预算执行阶段要不要根据内、外部环境变化和主客观条件影响，对业务路径和资源路径做出必要的调整？

先批准后实施,其实就是发挥预算的过程控制作用。为了提高预算控制效率,过程控制当然需要遵循重要性原则:对于金额较大或性质重要的预算项目,使用之前要求填写预算使用申请单,事先报经公司批准后才能执行;对于金额不大、性质不重要,而且职能部门能够自我管控的费用项目,授权给职能部门负责人进行总额控制,一旦超过总额,不追加预算,不报销超支费用;对于金额不大、性质不重要,但是职能部门难以自主控制的项目,实行绩效控制,授权事先使用,但是事后必须根据偏差结果,要求说明原因,提出改进方案,并据此进行绩效评价。

二、"两抢预算"完全违背了预算管理的初衷

本章第一节和大家交流过一个观点:费用报销管不住费用,因为这是事后对既成事实的无效管理。所以,很多人就想通过加强事前管理来控制成本费用。思路不错,但是方法不当的话,仍然达不到想要的结果。

案例 4-6

还是案例 4-1 中的那个业务员,他又签了一个 500 万元的意向合同,照样要请对方老板喝酒表示庆贺和感谢,对方老板也指定服务员上一瓶茅台。唯一不同的是,公司改变管理策略了,将事后费用报销控制改为事前审批。业务员这时突然想起来,还没向领导申请招待客户,于是按住那瓶茅台,对服务员说:"等会儿再开,我先去下卫生间。"然后他跑到外面打电话请示领导。业务员请示领导的选项如下:

A. 不允许喝茅台。

B. 可以喝，但不要喝太多。

C. 改喝二锅头。

如果你是业务员的领导，你会选择哪一项？说是有三个选项，其实真的没得选，只能选B。如果你告诉业务员不许喝茅台或改喝二锅头，这笔业务很有可能泡汤了，然后你质问业务员怎么回事，业务员跟你说："领导，就是你不让喝茅台啊，所以只能改喝二锅头了，没想到这个老板夹着个包就一去不回头了。"

当你告诉业务员可以喝茅台的时候，他蹦蹦跳跳地回到餐桌前，打开茅台酒，说今天要喝个痛快。酒足饭饱，一结账，还是3500元。

这就是事前请示的结果。这种请示实际上就是把领导顶到墙角，不批也得批。很多企业都流行招待前审批的管理规定，这其实就是一纸空文，没有什么实质性的意义。也有很多企业在事后报销端殚精竭虑：请客户吃饭，陪酒的不能超过多少人，按级别规定每人每餐标准，酒桌上不能要香烟，报销时要求附上菜单甚至拍照片……

好吧，终于有人提议，通过实行预算管理达到控制费用的目的。这回思路对了，但是如果方法不对，照样达不到管控费用的目的。预算管理不当最容易出现的问题是，年初抢指标，年末抢花钱。预算不但没有起到控制费用的作用，反而成为费用扩张的帮凶。

案例 4-7

眼看到年底了，预算编制又提上了议事日程，不仅财务部门，其他各部门都加快了执行预算的脚步。某公司生产部的李部长和小马正为今年的预算犯愁。小马汇报说:"今天突击花掉56789元,离预算还差34567元。"李部长提示:"上周总部开会要求预算结余不得结转到下一年度。"小马犯了难:"这能行吗?这些钱是咱们生产部一年到头省下来的,结余作废了,明年哪还会批这么多预算?"李部长灵机一动:"这么办,下半个月想办法花掉这些钱,留下几百元就行了。这样兄弟们不至于吃亏,而且明年的预算也不至于滑坡。"这就是生产部门年末抢花钱的状况。

再来看IT部门。年年都难做的预算工作,也让一些公司的普通员工头疼不已,你瞧这位网友的留言:"单位每年都会给我们IT部门拨款几百万元,作为整个集团的信息技术建设费用。今年的预算,还剩下每人1500~2000元没用完,领导要我找一下有趣的、和工作多少能扯上一点关系的东西,最好要1500元左右,超过1800元就要打报告,很麻烦。想来想去我都不知道买啥好,很多东西都已经有了,移动硬盘刚刚换的,U盘每年都会换2~3次,多到可以给远房亲戚用。手机之类的可以考虑,但是1500元好像买不到什么好的啊……我们的原则是要么都买一样的,要么别买。想来想去不知道买什么,就只好上来请教大家了。"

我们再来看一个完整的年初抢指标、年末抢花钱的案例。

案例 4-8

预算管理的第一步是报预算。去年你的部门招待费花了40万元,明年任务增长20%,招待费预算你准备报多少?

A. 60万元。

第四章 预算执行

B. 80万元。

C. 30万元。

我对学员做过调查，80%以上的学员会选择B，因为大家经过多年预算管理的磨炼，几乎都学会了这一招——"头戴三尺帽，任你砍一刀"。你本意是60万元，如果直接亮出底牌，领导还是会认为你一定藏着掖着，而且他不砍你一刀就非常不爽，结果这一刀下来直接就把头给砍掉了。你不会这么傻乎乎地迎头让他砍，你不但提防着总经理的那一刀，也防备着财务经理的那一刀。所以，你选择报80万元，最终的预算结果一般是60万元，皆大欢喜。这就是年初抢指标的典型现象。

1—10月招待费一共花了30万元，还有30万元预算。你知道通常人们对剩下的30万元是什么态度吗？

A. 全部花掉，一分不剩。

B. 花掉10万元，留下20万元。

C. 花掉40万元。

选择B的后果是，今年花钱不爽，明年还面临着降指标的危险。

一般业务员会选择A：今年的指标没有浪费，明年抢指标也有一个好的基数。

精明的业务员会选择C。他会跟老板汇报："老板，我就说60万元的预算不够嘛，您看到年底我超标了10万元。不过我坚决拥护咱们公司的预算管理，这超标的10万元我自掏腰包（其实他也没掏腰包，只是多开了10万元的发票而已），我希望老板明年定招待费预算的时候考虑一下这个因素，谢谢老板。"这就是年末抢花钱。

现在，预算管理变成了"两抢预算"：年初抢指标，年末抢花钱。问题出在哪里？究竟该怎么解决？

257

其实，只要预算管理的编制方法和执行策略正确，"两抢预算"根本就没有生存的土壤。

在预算理念方面，要让大家明白，预算管理是为了实现企业目标和部门目标，在有限资源的约束下，驱动大家在做事、花钱的方式方法上创新，提高效率。"两抢预算"和预算管理的宗旨背道而驰。

在预算编制阶段，我们强调预算是为目标服务的，是基于业务的。前文多次强调，预算不仅仅是一串数据，更重要的是数据背后的理由（业务路径）和依据（资源路径）：如果没有理由和依据，只是参照历史数据编制预算，那就只能在历史数据的基础上打折，而不能乘以 1.0 以上的系数。即使采用增量预算法编制预算，也要求先做减法再做加法，至于如何做减法，有具体的程序和规定。通过这些规定，让大家在预算编制阶段没有办法抢预算。

在预算执行阶段，要注意三点。

第一，预算的使用是要进行控制的，控制方式包括事前审批、授权控制和绩效控制。就算年初你把预算指标抢过来了也没有意义，因为在花钱阶段你仍然会受控制。尤其是金额较大的项目和性质重要的项目，使用之前必须根据内、外部环境的变化和主客观条件的影响，重新进行自我审视：为什么做这些事？为什么花这些钱？并报财务负责人审核，总经理审批。

第二，我们一直要求变动费用尽量和收入挂钩或和人数挂钩，如果业务部门的上述招待费按照销售收入的一定比例提成，"两抢指标"行为会立刻消失得无影无踪。

第三，如果因为抢指标导致预算结余，而发现有抢花钱的行为，在预算分析和预算考核环节是要进行预算绩效评价的，对抢指标和抢花钱的行为要做出严肃处理。

三、如何设计预算使用申请单

对于金额较大的项目或性质比较重要的项目，在预算执行阶段应当进行事前控制，使用预算之前必须填写预算使用申请单（见表 4-1），即资源申请必须文本化，立此为据，否则口说无凭。

预算使用申请单的三大控制要素说明如下：

第一，谁花钱，谁证明。业务部门是预算的执行者，是预算的使用者，所以他们需要说明花钱的理由和依据。

第二，3W 判断标准。需要从三个方面进行判断：一是为什么要做这件事，如何做更有效率；二是为什么要花这笔钱，如何花更有效率；三是为什么是现在这个时间节点来使用预算。

第三，双重渠道证明。经办人和业务部门负责人是预算的执行者和使用者，他们需要从业务角度证明做事花钱的理由和依据；财务负责人和总经理代表公司，须从管理角度审核、论证业务提出的需求是否合理有效。

没实行预算管理的企业，对一些比较重要的费用项目，比如机器设备采购、工资及奖金发放、年终奖发放方案、广告促销活动方案、经销商会议计划等，也会以申请单的形式事先报批。实行预算管理以后，没必要在填报预算使用申请单的同时填报之前的那些专业申请单，可以用预算管理的要求嫁接之前的各类申请单，不用重复填报预算使用申请单。

也就是说，预算管理不是对原有管理体系的颠覆，而是需要背靠原有管理体系，在其基础上进行改善和提升。我们需要用预算管理的视角和要求对原有的管理体系做一次系统的梳理和修订。

表 4-1　预算使用申请单

预算申请部门		申请项目名称	
具体业务行为			
预算申请日期		预计使用日期	
原定预算金额		预计使用金额	

申请理由：（若单页不能充分说明，必须附上行动方案，注明业务和相关的资源路径）
1. 为什么要做这件事
2. 为什么是现在做　　　　　针对三条判断标准，若申请者提出充分证据，预算控制者又提不出任何反证的，项目放行；若预算控制者能对其中的任一条证据提出反证，要么项目取消或递延，要么申请者继续证明项目实施的必要性
3. 为什么是这个金额　　　　1. 同意，继续上报，无需理由 2. 不同意，退回，但必须写明理由，申请者不得越级报上一级审批 3. 有不同意见，不退回，注明不同看法，报上一级审批
申请人：　　　部门负责人：

分管负责人意见： 全年预算总额： 全年已用总额：   　　　　　　　　　　　签名：　　　　日期：　　年　　月　　日
财务总监审核：   　　　　　　　　　　　签名：　　　　日期：　　年　　月　　日
总经理审批：   　　　　　　　　　　　签名：　　　　日期：　　年　　月　　日

四、容易出问题的敏感性资产要做预算吗

办公用资产有的属于个人消费型，比如汽车、笔记本、摄影机、照相机、镜头、投影仪、移动硬盘、U 盘等，这类资产无疑是敏感性资产。敏感性资产是指管理上稍一疏忽就很容易被个人据为己有的资产。有些公司不允许这类资产做预算，因为管理者担心，一做预算，这部分资产就不可控，故而明令此类资产的采购须一事一议，单独上报审批。

这种做法看上去很有道理，可是仔细一想，这种管理方法完全是不懂预算管理的产物。

如果对敏感性资产不做预算，是不是违背了预算管理的全面控制原则？敏感性资产是公司的资源，能用货币计量，应该纳入预算管理的范畴。对敏感性资产不做预算，是不是也违背了唯一控制原则？实行预算管理的企业，只有预算内管理，没有预算外管理，敏感性事项不允许做预算，立即就变成了预算外管理事项。

之前说过的道理这里不再重复，我们从其他角度进一步帮助大家理解预算管理。

上述敏感性资产在会计核算上其实分为两类：一类是直接计入费用，影响利润的，如移动硬盘、U 盘；还有一类是形成固定资产，通过折旧影响利润的，如汽车。如果对上述敏感性资产不做预算，会影响利润预算和资金预算的准确性和可实现性，敏感性资产一旦发生，利润预算和资金预算就会产生缺口，而如何弥补这些缺口，之前并没有相应的预案。

值得注意的是，预算编制必须和公司战略保持一致。敏感性资产一般不会形成公司的差异化能力，对必备能力的帮助也不是太大，更多与基本能力甚至多余能力密切相关。所以，对于敏感性资产的预算

编制和实际投入应当从紧从严控制。

至于担心一旦有了预算就不可控了，这完全是多余的。因为在预算编制阶段，把敏感性资产纳入预算，需要足够的理由和依据，并不是想当然地想要多少就编多少预算。在预算执行阶段，完全可以对敏感性资产按照金额大小或性质重要性进行归类，纳入事前控制，使用敏感性预算项目必须事先填报预算使用申请单，一事一议，单独报批。

除了在预算编制和预算执行上按以上思路进行操作和管控，在日常管控上还需要采取一些措施。比如对敏感性资产建立台账管理，人员调动或离职将敏感性资产移交作为前置条件，等等。

预算调整

一、生搬硬套预算调整原则害人不浅

传统的预算调整原则是，下达的预算一般不予调整，以保证预算的严肃性或刚性。

有些企业觉得一年都不允许调整预算实在有点说不过去，于是允许年中调整一次。

调整预算需要满足三个基本条件：

① 市场环境、经营条件、组织机构、政策法规等发生重大变化；

② 不可抗力致使预算编制基础不再成立；

③ 客观条件变化导致预算执行结果出现重大偏差。

2017年10月，财政部正式下发的《管理会计应用指引第200号——预算管理》第二十四条规定：年度预算经批准后，原则上不作调整。企业应在制度中严格明确预算调整的条件、主体、权限和程序等事宜，当内外部战略环境发生重大变化或突发重大事件等，导致预算编制的基本假设发生重大变化时，可进行预算调整。

上述三个方面集中代表了业界过去和现在对预算调整的理解及操作指南。我们刚推行预算管理的时候，也是严格按照上述要求来规范预算调整程序的，可是在实践中处处碰壁，财务部门在和业务部门的争斗中处处被动，总是被业务部门搞得灰头土脸。

案例 4-9

某一年的 10 月，销售副总来找我，他说，销售部门当初编制预算的时候，他自己疏忽了，忘记向秘书交代一件重要事情。因为公司要求当年投放市场的新产品销售收入要占全年收入总额的 20% 以上，他准备在销售一部、二部、三部、四部的基础上成立销售五部，人员编制上将有较大幅度的增长。结果，这个新部门的预算没有编进去。

国庆节之后，他们发现销售部门几乎所有的项目预算费用都不够了。他说："钱总，在预算编制阶段出现的低级错误是我们的问题，我们愿意接受公司的考核。同时，也请公司批准我们本次提出的一揽子预算调整计划。"

当年的预算管理制度规定，7 月可调整一次预算。我就问销售副总 7 月为什么不提出调整预算，他说当时还没发现这个问题。我跟他讲，现在是 10 月，已经过了预算调整的窗口期，没法调了。销售副总索性一屁股坐下来，摆出一副非调整预算不可的姿态。

我把预算管理制度拿出来，告诉他，如果符合预算调整的有关规定，当然可以调，如果不符合呢，自然不能调。"是因为市场环境、经营条件、政策法规等发生重大变化了需要调整预算吗？"销售副总说："这条靠不上。""还是因为不可抗力致使预算编制基础不再成立了？""跟这条也没关系。""那是因为客观条件变化导致预算执行结果出现重大偏差喽？"销售副总盯着这条看了半天，然后说："这一条我们要好好研究研究。如果本次预算调整不通过，一定会导致预算执行结果出现重大偏差。"我提醒他："是因为客观条件变化导致的吗？"销售副总说："该死的预算管理制度，怎么就把它界定为客观条件变化呢？如果修改为主客观条件变化那就符合了嘛！"我说："在预算管理

第四章 预算执行

制度被修改之前，只能严格按现行制度执行。"销售副总也急了："你们财务部门一点也不体谅业务的苦衷，跟你好说歹说就是不听，简直是钢板一块，不进油盐、不懂变通。不跟你多费口舌了，我找老板去！"

10分钟后，老板电话打过来了："钱总，你来一下我办公室。"

我知道大事不好，被销售副总告状了。老板说："李总为预算调整的事情找过你了吧。"我说："他们那是预算编制的主观差错，不符合预算管理制度的调整条件，所以我没同意他调整预算。"老板说："那好吧，我们一起来看看预算管理制度的调整条件是怎么设定的。"结果老板一看，就跳了起来："钱总，这个预算调整条件你是从哪里抄来的！怎么能这样规定预算调整的条件呢？这样不是要害死业务吗？"这下被老板说中了，我真是照抄照搬的，因为这样的预算调整条件如同常识，每家企业都这么做，每个人都这么认为。

我心里发虚，不敢顶撞老板，只好说："老板，这个预算管理制度最终是由您审批下发的呀。"老板说："我以为你在把关我就放心了，当初我没有一条一条仔细研究过，谁想到里面到处都是坑啊！回去赶紧组织人手将预算管理制度做一次全面修订，对照这次李总提出调整预算的真实场景，一定要体现出预算是为目标服务的，是基于动态业务的宗旨，不能让预算成为业务部门的紧箍咒。"

你看，错误的预算调整程序让我们在实际操作中苦不堪言，吃力不讨好。

那次冲突下来，我们就把预算调整程序修改成以下条款：

1. 因价格性、政策性的变化，公司预算管理办公室有权马上审批；
2. 涉及金额较大的调整事项，通过董事会或总经理特批；
3. 常规性的预算调整，按照正常流程，一年调整一次。

二、为什么新的预算调整原则能收放自如

随着我们对全面预算管理的理解逐渐深入，我们不断地进行思路的调整和方法的改进，终于出台了新的预算调整原则：

① 产出类预算目标（一般指销售收入和利润目标）一经下达，不再调整；

② 方法（业务路径）随着外部环境的变化、团队能力的提升，可以随机应变、灵活变通；

③ 预算（资源路径）基于业务路径的改变，可以随时随地、随人随事进行调整。

意思是，目标不调，方法和预算可以随时调。

这个预算调整原则一公布，意料之中的是，立即受到业务部门的热烈欢迎；意料之外的是，后院起火了，预算经理提出辞职。问预算经理为什么，他说："坚守制度，坚持原则，是财务人员的本分，是财务人员的底线。这条原则一出，我们的日常预算管理工作就全部乱套了，可以设想的是，接下来下面天天打报告，上面天天调预算，预算跟着报告跑。"

预算可以随时随地、随人随事进行调整，在操作落地上，必须注意三个方面。

第一，业务部门基于业务判断，可以随时提出预算调整申请。

预算是基于业务的动态预算，而不是定期预算。业务部门身处一线，只有他们才听得见枪炮声，只有他们才能及时捕捉到信息，感知到变化。他们针对内外部环境变化和主客观条件影响，及时判断是否需要调整预算资源以满足业务的动态需求和快速反应。所以，他们可以不受任何限制，随时随地、随人随事提出需求。这是基于动态业务

的"放"的阶段。这是业务自由判断的权利体现，是发挥业务主观能动性的地方，管理部门绝对不能指手画脚，横加干涉，限制业务。否则，僵化的预算管理必将束缚业务的发展，成为业务前行的羁绊，使企业丧失创新的机能，失去竞争的机遇。

第二，公司层面，绝不可以随便审批。

预算是公司的行为，预算资源是公司的资源，必须经过管理部门的审批。这是基于预算过程控制的"收"的阶段。

我们鼓励业务部门敏锐地发现变化、掌控变化，从而及时在资源投入上进行调整和支持。业务部门要详细说明环境是如何变化的，环境的变化是如何影响业务开展的；财务负责人和总经理代表公司进行审核、批准。

第三，预算调整的同时，应当考核预算管理绩效。

预算调整的同时需要嵌入预算考核，否则业务部门认为反正到时要花钱是可以通过预算调整来实现的，预算编制时就敷衍了事，那就达不到预算编制阶段提升能力素质的目的。

预算考核把握一点：当初预算编制有没有问题？如果有问题，要对预算编制质量追溯责任；如果编制没有问题，确实是环境变化所致，就要对业务部门把控环境变化而快速反应的能力和行为进行激励。

这样一套组合拳下来，上述案例中预算经理的担忧就可以消除了，公司就能在预算调整上真正做到基于业务并收放自如。

调整预算必须按规定填报预算调整申请单（见表4-2），即预算调整申请必须文本化，立此为据，否则口说无凭。预算调整申请单未经批准，一律不得调整预算。

表 4-2　预算调整申请单

申请部门		申请项目	
申请日期		转出项目	
调整性质	转换□　追加□　新增□	调整金额	
申请理由：（若理由和证据不充分，或逻辑不成立，不得调整预算） 1. 相对于年初做预算时，外部因素是如何变化的 2. 外部因素变动是如何影响相关业务的，影响程度如何 3. 预算调整或增加是不是实现组织目标所必需的，是否有利于目标 （基于市场、环境的变动需求提出调整申请）　　申请人：　　部门负责人：			
分管负责人意见： （基于市场或环境的需求、组织目标的影响） 　　　　　　　　　　　　签名：		预算考核提议： 日期：　年　月　日	
财务总监审核： （基于市场或环境的变动需求、组织目标的影响、公司财务承受能力及预算管理评估） 　　　　　　　　　　　　签名：		预算考核审批： 日期：　年　月　日	
总经理审批： 　　　　　　　　　　　　签名：　　　　　　　　日期：　年　月　日			

第四章　预算执行

预算在执行阶段根据使用金额大小或性质重要程度，分为三种控制方式：事前控制、总额控制和绩效控制。与此相对应的：

① 实行事前控制的预算项目，按照重要性原则，属于公司重点控制的项目。所以，该类项目预算调整的时候，必须填报预算调整申请单。

② 实行总额控制的预算项目，本身不允许调整预算，不允许突破预算报销。

③ 实行绩效控制的预算项目，授权先使用后进行绩效评价，同总额控制一样，事前既不需填报预算使用申请单，也不需填报预算调整申请单。

预算调整的大门是随时敞开的，但是，是否同意调整预算则是一件十分严肃的事情。外部环境变化了，公司希望业务部门直面挑战，想方设法克服障碍，而不是一味地寻求公司更多的资源支持，因为这个做法叫作消极上交矛盾，而不是主动解决问题。

案例 4-10

一家公司计划在明年 7 月召开一次全国性的经销商大会，销售部门在预算编制阶段和意向合作酒店初步谈定了客房单价和场地租金，并在销售费用预算中确定下来。结果大会召开前，酒店因生意火爆，趁机提出租金上涨 3 倍的要求，公司销售部门经多次交涉无果，于是以外部环境出现重大变化为由，提出预算调整申请。

假如你是该公司的财务总监，你会如何处理？

分析

和酒店年初签订协议的时候，因为大环境不好，酒店接受了场租20万元的条款。可计划不如变化快，人算不如天算，半年以后迎来了报复式的增长，场租行情涨到60万元以上。

销售部门跟酒店交流多次无果，于是以外部环境出现重大变化为由提出调整预算申请。

公司财务总监一开始不同意，销售总监质问财务："情况都和你说清楚了，你为什么不同意，理由是什么？"财务总监无奈之下签字放行。这回轮到总经理训斥财务了："每一次预算调整你都同意，你是如何履行审核职责的？业务部门一碰到困难挫折就想调预算，不去想办法解决，费用从20万元变成60万元，公司立即减少利润40万元！你应当引导业务部门打开思路，寻求变通的解决方案。"

在这个问题上，我们指导客户的财务总监改变策略，再次去和销售总监交流。

签订合同环节：是否合同约定了违约金条款，比如双倍返还、赔偿损失之类的。(销售总监说当初考虑进去了。)

要求书面通知：以向公司申请预算调整为由，要求酒店提供租金上涨书面通知。

数据支持决策：让财务部门统计一下，我们的客户、供应商、员工给这家签约酒店带来多少生意，包括住宿、餐饮、会议等。财务部门列出清单，竟然有200万元左右。这回销售和酒店就有了谈判筹码：酒店会意识到，如果这次谈不好，每年200万元的合作业务就没了，不能因为40万元一次性的收益，让每年200万元的营业额泡汤了。

沟通说服技巧：毕竟这一次的场租会让酒店有所损失，从合作共赢的角度,我们应当帮他们进行补救。这个经销商大会的参加者来自全国各地,他们都是企业家,他们的社会地位、家庭财富都属于上层水平,这些人到酒店来,就能形成非常好的广告和宣传效应,我们可以和酒店一起商量策划一场活动,让宣传效应最大化。

三、各科目之间费用预算可以张冠李戴吗

案例 4-11

由于去年会议费开支较大,而且会议效果也不明显,公司要求对今年的会议费做重点控制。今天人力资源部门经理找到你,要求电话费减少预算 5 万元,用于增加会议费开支。

你的意见如何?

分析

第一,鼓励进行项目之间的预算调整。

预算调整一共有三种情况。第一种是新增调整,是指年初没有做这个项目的预算,现在从无到有要开展这个项目,需要匹配相应的预算资源。第二种是追加调整,是指年初做了这个项目的预算,但是在执行过程中发现预算不够用,需要追加一定的额度。第三种是项目间调整,即把 A 项目的预算金额减下来调整至 B 项目上去。三种预算调整方式,哪些会影响利润目标的实现,哪些对利润目标没有影响?显然是项目间的调整不会影响利润目标的实现,而新增调整和追加调整,必然影响利润目标的实现。

所以，从这个角度来说，我们提倡预算调整首先考虑项目间调整，鼓励以内部挖潜的方式，消化预算调整对实现利润目标的负面影响。

第二，要求按预算调整程序规范调整。

一旦鼓励项目间调整，大家就会担心：某个部门一看招待费不够用，就从广告费、差旅费等项目调一部分过来；下次某个部门负责人认为工资太低了，就从其他费用科目调一部分过来给大家发奖金……如此一来，管理不就乱成一锅粥了？我们绝对不允许各部门打着预算调整的旗号私底下胡作非为。项目的调整必须遵循公司规定的预算调整程序，书面填报预算调整申请单，按组织程序进行审核和批准。

第三，规范的预算调整程序建议遵循如下步骤。

首先，判断增加会议费预算是否必要。今年公司将会议费列作重点控制对象，所以任何部门要增加会议费的预算，公司一定会重点关注并从严控制。但是也不能说重点控制会议费，就绝对不允许增加会议费开支。因为预算服务于目标，预算基于动态业务，业务有变化、有需求，预算就有必要进行相应调整。业务部门首先要按照预算调整要求的三个方面详细说明为什么要增加会议费预算。

其次，判断如何评价会议费预算业绩。如果不同意增加会议费预算，一般就不必进行后续的会议费预算管理责任评价。如果同意增加会议费预算，那么，必须评价会议费的预算编制质量是否需要追溯责任，同时，必须判断会议费的预算调整行为是否需要给予激励。如果是预算编制时主观原因出现的差错或疏忽导致少编、漏编会议费预算，那就需要追究预算编制责任；如果是环境变化导致非增加会议费预算不可，那就需要激励预算调整行为。至于具体如何评价预算管理业绩，请参考本章最后一节预算考核的相关内容。

最后，判断如何评价电话费预算业绩。既然业务部门主动提出减少某项费用预算，公司层面一般不会表示反对，但是电话费预算减少5万元，不一定想当然地就要鼓励或奖励业务部门，相反，他们可能会受到惩处。财务负责人和总经理必须分析和判断，电话费预算是如何减下来的。如果是当初抢指标导致电话费预算编多了，那就要追溯预算编制责任；如果是外部环境变化所致，比如运营机构下调收费标准等，那业务部门就不需承担管理责任；如果是管控方法改善了，比如减少了话机数量，减少了监控信息费和其他不合理费用的发生，引导采用其他沟通方式等，以至于实际发生的电话费减少，那就要表扬他们在电话费项目上的预算执行效率。

总之，我们鼓励项目之间的预算调整，这样可以减少预算调整对实现利润目标带来的冲击，但是必须严格遵循预算管理制度规定的预算调整程序，对于预算增加项目和预算减少项目分别判断，结合绩效评价，具体问题具体分析。

四、预算调整影响利润目标的实现怎么办

预算调整会影响利润目标的实现、预算资源的准备，打乱工作计划的部署，所以很多企业在预算调整上设置了很高的门槛，甚至打着维护预算管理严肃性和刚性的旗号，规定不允许调整预算。为什么要调整预算？因为业务有变化、有需求。所以不能因为调整预算有不利的一面就全盘否定，拒绝调整，而要想办法弥补预算调整带来的负面影响。

解决预算调整对利润目标的负面影响，可以从三个方面入手。

1. 鼓励进行项目之间的调整

前文讲过,预算调整有新增调整、追加调整和项目之间调整三种方式,新增预算和追加预算都会影响利润目标的实现,只有项目之间的预算调整对利润目标没有影响。所以,业务部门需要调整预算的时候,先要求他们从内部挖潜,减少某个或某几个项目的预算,从而弥补某个项目调增预算对利润的影响。

2. 在投入产出效率上做文章

如果预算调整影响了利润,必须要求业务部门说明如何弥补负面影响,并对自己的所作所为进行承诺。比如,广告费预算调整,如何通过销量的增长来弥补利润的损失,如何保证广告费的投放效果,如何创新广告费的投放路径;研发经费预算调整,如何提升产品的盈利能力,如何拓展产品的获利空间,如何加快新产品投放市场的时间,新产品投放市场以后的营销方案和绩效制度等是否到位。

3. 考虑适当编制预备费预算

预备费预算也称为"机动预算",是指没有确定对象的资源需求,企业可以在利润目标范围内,允许各预算单元列入不确定因素较大的项目或支出,便于公司经营班子对各部门的不确定性风险事先有一定的准备和评估。预备费预算的金额不允许过大,能否成立和批准多少额度,取决于公司预算的最终平衡结果。预备费预算项目在实际投入时,必须由使用部门提出确定的理由和对象,经预算控制批准,方可投入。随着公司预算管理的逐渐成熟,预备费预算可逐渐减少直至退出。

五、为何必须让滚动预算从实践中"滚蛋"

2017年10月，财政部下发《管理会计应用指引第201号——滚动预算》。滚动预算，是指企业根据上一期预算执行情况和新的预测结果，按既定的预算编制周期和滚动频率，对原有的预算方案进行调整和补充，逐期滚动，持续推进的预算编制方法。预算编制周期，是指每次预算编制所涵盖的时间跨度。滚动频率，是指调整和补充预算的时间间隔，一般以月度、季度、年度为单位。

实行滚动预算的理论依据是，人们对未来的预测和规划具有"对近期的预计把握较大，对远期的预计把握较小"的特征，所以对计划安排要远略近详，并且随着时间的递进，不断对预算进行调整。

滚动预算的理论依据非常好，我也十分认同，关键是不具备可操作性。

如图4-1所示，实行滚动预算的具体做法是，每过一个季度（或月份，下同），立即根据前一个季度的预算执行情况，对以后季度进行修订并滚动增加一个季度的预算，预算期永远保持为12个月，让预算更接近实际。

2023年滚动预算（1）					
一季度详细预算			二季度	三季度	四季度
1月	2月	3月	粗略预算	粗略预算	规定预算

2023年滚动预算（2）					
二季度详细预算			三季度	四季度	2024年一季度
4月	5月	6月	粗略预算	粗略预算	规定预算

图4-1 滚动预算的编制逻辑

为什么在企业的预算管理实践中,我强烈反对实行滚动预算呢?

第一,滚动预算谁来编?

滚动预算要求每个季度编制一次,请问由谁来编?由财务部门来编吗?那就立即变成财务部门自娱自乐的数字游戏。由业务部门来编吗?要求业务部门一年编一次预算都不是一件容易的事情,更何况每个季度甚至每个月都要编一次预算呢?预算编制更多的是思考层面,属于务虚的工作,企业需要将更多的时间花在务实的执行上。

第二,滚动预算如何编?

没有目标不要做计划,没有计划不要编预算,这是最基本的预算管理常识。编制滚动预算要保持预算期永远为12个月,今年一季度结束后,必须把明年一季度预算也纳入。可是,今年一季度结束时,明年的预算目标有没有确定?明年的预算目标有没有在各个职能部门之间进行分解?各个职能部门有没有按照时间主线在各个季度进行分解?有没有制定明年全年和明年一季度的具体行动方案?显然这一切在今年一季度结束时根本就没有人考虑。在既没有目标又没有计划的情况下,就动手编制明年一季度的预算,这不是数字游戏又是什么?

六、某公司的预算管理为何造成巨额损失

案例 4-12

美国一家医药公司推出一种新药,市场潜力巨大,战略规划部门的预测显示,只要有足够的生产能力和营销支持,新药的推出将使公司的年收入提升50%,利润增长70%。可是,新药一上市,即告出师不利,原因在哪儿?

第四章　预算执行

原来推出新药的战略目标在公司年度预算编制和执行过程中迷失了方向。销售预算编制人员认为战略规划部门对新药的前景过于乐观，因此他们把销售预测削减了50%，同时生产部门认为销售部门的预测简直是白日做梦，他们又将预测数字打了对折，最后财务部门又将预算费用砍掉了一大块。

当产品推出时，战略规划人员要求新药具备的生产能力仅剩20%，而新药推出后6个月内，市场需求量猛增。但不幸的是新药供应严重短缺，供求缺口高达4~5倍，导致该医药公司当年损失利润10亿美元。

这家医药公司在预算管理过程中存在哪些问题？

分析

1. 目标制定环节的错误。

公司战略规划必须由各业务部门负责人共同参与讨论制定，这是公司行为，不是某一个职能部门或个人的事情。

公司战略和目标的制定必须建立在资源和信息的综合平衡基础上，没有各业务部门负责人的参与，企业目标就失去了支持基础。专业部门可以设置和参与战略规划，但其职能应当是参谋，而不是制定者。

这个案例中，战略规划部门的建议没有上升到公司战略，大家都把战略规划部门的建议当作战略规划部门的一家之言，没有人认为那是公司的战略和目标。公司应先召开一个战略研讨会，所有高管参加，由战略规划部门主导，阐述他们的市场调研成果和战略规划建议，销售、研发、生产、财务等职能部门一起参与，集思广益，群策群力，消除障碍，达成共识，最终以公司红头文件的形式下发公司战略及年度目标，即营业收入目标增长50%，利润同比增长70%，以此作为预算编制的起点，那么销售、生产和财务等部门谁都无权砍一刀，谁也不敢砍一刀。

2. 预算编制环节的错误。

目标确定前，应当广开言路，集思广益。公司目标一旦确定，任何部门或个人都无权变动。因此，包括销售和生产在内，所有部门在落实分解目标和预算编制过程中，不得自行变更公司目标。

除了利益相关的各业务部门，财务部门有时也摆不正自己的位置，打着企业利益的旗号，无端压制，变成了一味削减预算的"刀斧手"，而忽略了自己在预算编制过程中的组织和平衡作用。财务部门在预算审核的时候可以切一刀，但这一刀必须建立在数据背后的理由和依据上，绝不可以简单粗暴地一刀切。

3. 预算执行环节的错误。

该公司面临市场的真实需求，不去快速调整资源和能力的配置，只是简单地固守年初各部门确定的预算目标和计划，不会或不敢按业务需求及时地、动态地调整当初编制的预算。所以，我们反复强调，预算一定是基于业务的动态预算，业务变，预算立即跟着变，是预算跟着业务走，而不是业务跟着预算走。只要业务需要，预算就可以变，可以超；如果业务不需要，即使有预算，预算也不能动用。在这一点上稍不注意，预算就会变得僵化，就会限制业务，阻碍创新。

这是一个典型的预算管理实践案例，它不是预算管理的错，错在大家错误地理解预算管理，结果在下达目标、预算编制和预算执行上一错再错，花了10年时间研制的新药错失市场机遇，给公司造成巨额损失。

第四章 预算执行

预算分析

一、为什么要特别重视预算分析这个环节

建立预算监控和反馈机制的目的，并不是强制业务部门按照计划行事，而是促进其及时沟通和交流进展状况，分析偏差原因，集思广益，群策群力，修正或改善行动方案，利用组织程序来为企业目标和部门目标的实现保驾护航。

预算分析，其实是一种监控与反馈机制。

① 预算编制时确定的行动方案，不一定被有效执行；（执行问题）

② 预算编制时确定的行动方案，不一定都是有效的；（编制问题）

③ 当初的行动方案，在瞬息万变的环境下可能失效。（环境影响）

如果对预算分析怎么做和预算分析会怎么开没有具体的设定，预算分析环节很容易流于形式，没有意义。

二、如何保证预算分析形式上和实质上都到位

案例 4-13

一个季度过去了，总经理将财务部门吴经理叫到办公室，请他对上季度公司的预算执行情况做一次全面分析，计划安排下周一召开预

算分析会。吴经理临走前，总经理还问了他一个问题："销售部门的招待费为什么超预算那么多？"吴经理情急之下憋出一头汗，蹦出三个字："吃多了。"总经理非常生气："那么为什么生产部门的招待费又节约了呢？"吴部长小声嘟囔一句："生产部门很忙，没时间去吃，所以节约了。"

这个时候不仅总经理很生气，吴经理也很恼火，他说："销售部门招待费为什么超标，不去问销售却来问财务，我又没有参与过销售部门的吃吃喝喝。"

吴经理有情绪，可以理解，但是他对预算分析的认识还有待提高。预算分析分为两个层次：部门层次和公司层次。部门层次的预算分析一定是各个职能部门或业务单元的负责人做的，这是他们的本分和职责。销售经理负责销售部门的预算执行、差异分析及后续整改，采购经理的预算分析自然由采购经理来完成，生产经理负责生产部门的预算分析。但是公司层次的汇总预算不是应该由财务经理来做吗？难不成还要总经理亲自操刀吗？

各个部门的预算分析没有提交上来，财务部门吴经理要编制整个公司的汇总预算分析当然有困难，这叫作"巧妇难为无米之炊"。吴经理接着担心，各职能部门没这么听话，要求他们按时上报，结果他们拖拖拉拉或干脆不报，预算汇总分析到头来还是无源之水、无本之木。没有管理措施，指挥棒当然不灵。于是他建议在预算管理制度里加上一条：要求各职能部门每季度结束后，于次月5日前向财务部门上报预算分析报告，否则停止预算使用资格。

吴经理继续思考：这个方法好像只能保证各职能部门形式上将预

算分析做起来，实质上恐怕没有太大意义。迫于管理压力，他们一般会上报预算分析报告，可是如果他们敷衍了事，应付交差，我们又该如何是好？

这样的话，汇总预算分析也跟着失去了意义。

上述管理措施的本来目的就是保证部门层次的预算分析能够做起来。通过一段时间的运作，各个部门负责人彻底明白，部门层次的预算分析报告是他们的管理职责，而不是财务部门找业务部门的麻烦，更不是财务部门在推卸责任。

那么，在保证预算分析形式上做起来的同时，如何保证预算分析实质上也到位呢？这个答案之前其实已经揭晓：定期召开预算分析和预算考评会（合二为一即预算分析考评会），总经理亲自坐镇指挥，履行预算管理一把手的第三项职责——保证预算执行质量。总经理等公司经营层担当考官，试问谁还敢糊弄、敷衍？

三、如何制定预算分析程序，保证分析质量

预算分析报告在形式上和实质上都做起来了还不够，还需要通过预算分析程序来明确具体的分析目标和分析要求，制定一个模板来规范预算分析的结构框架和具体内容。

1. 信息反馈

财务部门应当及时准确地记录各预算单位的实际发生数和预算数，建立、健全预算分析报表跟踪体系和预警机制，并于每月某日前向公司领导和各预算单位负责人通报上月预算执行进度及差异情况，为各

级管理者提供决策信息支持。在这里，财务部门的任务是信息通报，这是财务部门"核算"的职责决定的，至于差异分析，则完全是各个职能部门自己的职责。

2. 差异分析

各预算单位在财务提供的预算执行通报的基础上，通过实际数与预算数的差异对比分析和执行进度分析，形成对本部门经营现状、投入资源和管控能力的全面、详细的认识，找出产生差距的原因，并提出相应的改进措施。

具体按以下要求进行差异分析：

第一，总结上月改进措施的贯彻落实情况和效果。这是预算分析会议议程的第一项，先对上次会议纪要贯彻执行的结果和效果进行汇报与考核。

第二，评估上月工作任务完成情况，根据差异分析结果对预算执行工作的合理性和有效性进行业绩跟踪。综合历史数据、目前状况，以实际结果和预算数据的偏离为突破口，分析、评估预算执行工作是否令人满意，是否符合公司的要求；如工作不能令人满意，尚存在哪些问题。

第三，对发现的重大或主要问题进行深入分析，界定责任。找出影响预算目标的主要因素，并将其分解为内部因素和外部因素；确定发生问题的责任人是谁。

3. 改进方案

针对信息反馈和差异分析中发现的问题，预算责任人要提出相应的改进措施，以保证公司预算目标的顺利实现。

行动改进计划应包括以下主要内容：

①改进事项；

②改进时间；

③完成改进方案后的预期结果；

④行动改进措施。

行动改进计划可单独编写，也可作为预算分析报告的一部分一并上报。

4. 跟踪落实

财务部门通过对业务部门改进行动的跟踪、检查，将改进方案落实到行动上，实现持续、有效地改进，督导预算分析实现闭环管理，最终实现公司的预算目标，这是财务部门的"监控"职责决定的。

其一，财务部门作为预算控制部门，负责对各预算单位上报的行动改进计划进行跟踪、监督和评估。

其二，在下次预算分析报告中，由各预算单位汇报改进行动的结果和相应的奖惩情况。预算分析程序中，财务部门抓两头。一是抓牵头，即信息披露，通报各预算单位预算数、实际数、差异数、同期数等（表单模板见表4-3和表4-4）。至于差异分析、改进方案这些分析环节的重头戏，都是业务部门的职责。二是抓监督，即跟踪检查，监控业务部门的改进行动方案是否执行到位、执行效果如何、考核是否跟进等。财务部门一旦抓住两头，预算分析就能形成闭环。

预算分析考评会议是开展预算分析、预算纠偏、预算考核的日常保障机制，也是总经理履行预算评价职责的平台。如果企业没有将定期召开预算分析考评会纳入制度设计和组织保证，可以设想：财务部门记得开就开一回，忘记了就不开了；总经理在公司就开，总经理出差了就不用开了；形势好就不开了，形势不好把大家召集起来训斥一顿……这就是所谓的感性、感觉、直觉管理。

当然，有些企业定期开会，但是也没有什么效果。为什么？因为太多的企业不会开会，开会变成了形式主义：会而不议，议而不决，决而不行。这是谁的责任？其实是总经理的责任。如何开好预算分析考评会，给大家三个建议。

第一，会议前：先做好大数据分析，找到偏差原因和改进措施。

很多企业问题就出在这一点上。有些企业开会前临时通知，大家一坐下来就互相打探今天开什么会，结果面面相觑，谁也不知道会议主题和会议议程，这种会纯粹是浪费时间，不开也罢。比如，按计划准备召开一季度预算分析考评会了，财务部门应事先将各部门的预算执行结果详细反馈给各预算责任人，把所有会议资料发给他们，要求他们事先在部门内部组织探讨，分析差异原因，寻找改进措施。这些事情会前不充分准备，会议中怎么可能指望预算责任人在短时间内找出原因，找出方案？请注意，思考在会前，功夫在会前，集思广益，群策群力。

第二，会议中：重点汇报改进方案和资源需求。

会议中每个预算责任人的汇报时间规定在10～30分钟，要求重点汇报行动改进方案和资源申请需求，会议参与人尤其是公司经营班子，针对这两点进行审核论证并提供建议。

第三，会议后：形成会议纪要，跟踪落实，监督考评。

会议纪要马上下发，安排专人跟踪检查，监控各预算责任人的行动改进方案是否执行到位、执行效果如何、考核是否跟进等。

第四章 预算执行

表4-3 ××××年度管理费用预算执行差异分析表

编制单位： 所属期间： 年 月 单位：万元

序号	项目名称	本期差异					全年累计差异				
		预算	实际	上年同期	实际差异	同比差异	预算	实际	上年同期	实际差异	同比差异	差异分析
1	工资											
2	福利费											
3	劳动保护费											
4	办公费											
5	差旅费											
6	水电费											
7	修理费											
8	邮电费											
9	会务费											
10	运输费											
11	三包费											
12	公司电话费											
13	个人通信费											
14	电脑耗材											
15	低值易耗品											
16	工会经费											
17	汽车费用											
18	业务招待费											
19	劳动保险费											
20	住房公积金											

285

(续表)

序号	项目名称	本期差异					全年累计差异					差异分析
		预算	实际	上年同期	实际差异	同比差异	预算	实际	上年同期	实际差异	同比差异	
21	财产保险费											
22	培训费											
23	咨询费											
24	诉讼费											
25	行业会费											
26	折旧费、无形资产摊销											
27	软件网络费											
28	检验检测费											
29	公告费											
30	广告费											
31	业务宣传费											
32	资源使用费、租赁费											
33	退养工资											
34	排污绿化费											
35	招聘费用											
36	年终奖及年薪兑现											
37	总裁预留基金											
38	其他											
	管理费用合计											

编制： 审核： 日期： 年 月 日

表4-4　××××年度利润预算执行差异分析表

编制单位：　　　　　　　　　　　所属期间：　年　月　　　　　　　　　　　　　　　　单位：万元

项目	本期差异					全年累计差异			
	预算	实际	上年同期	实际差异	同比差异	预算	实际	上年同期	实际差异	同比差异	差异分析
一、主营业务收入										
减：主营业务成本										
主营业务税金及附加										
二、主营业务利润										
加：其他业务利润										
减：营业费用										
管理费用										
财务费用										
三、营业利润										
加：投资收益										
补贴收入										
营业外收入										
减：营业外支出										
其他支出										
四、利润总额										
减：所得税										
五、净利润（亏损以"-"号填列）										

编制：　　　　　　　　　　审核：　　　　　　　　　　日期：　年　月　日

预算考核

一、预算考核面临哪些困惑

下面用三个预算管理实践中的案例，说明预算考核时要注意的四大原则。

① 预算考核分为定量考核和定性考核，定量考核建议多在投入产出效率上做文章、动脑筋，尽量量化，让数据说话。

② 预算考核要兼顾内外部环境和主客观条件的变化。所谓"考核无理由、无借口"是简单粗暴的无能表现，势必挫伤被考核人的情绪和积极性。

③ 预算考核目标的制定必须因地制宜、协商一致，不可一刀切，要确保预算考核引导的方向符合公司的期望。

④ 预算考核是跟人打交道，务必谨慎小心，要换位思考，达到双赢目的。

案例 4-14

年终决算发现，利润目标完成了，但销售费用超出预算。销售经理认为主要是销售收入超预算完成的结果，他认为只要销售部门完成预算规定的利润目标，公司就不应管部门预算费用。

请问你的意见如何？

分析

首先，从投入产出效率上考虑，尽量量化，让数据说话（见表4-5）。

表4-5 量化投入产出效率表

项目名称	预算数	实际数
销售收入（万元）	10000	12000
销售毛利率	20%	20%
销售毛利（万元）	2000	2400
销售费用（万元）	800	1200
销售费用率	8%	10%
销售利润（万元）	1200	1200
销售利润率	12%	10%

销售部门认为费用超预算主要是销售收入超预算导致的。这位销售经理经过多年预算管理的熏陶，已经将预算管理的语言——投入产出效率牢记在心。但是因为没有将投入产出效率进行数据上的量化，我们不太容易判断结果是否真的如此。

表4-5把相关指标量化了。只要一量化，一眼就能看出问题出在哪里。表中数据显示：销售收入预算1亿元，实际完成1.2亿元，销售收入确实超预算完成了。但是从销售费用率指标来看，预算指标8%，实际为10%，销售费用的使用效率下降了，在收入增长的同时，费用增速更快。为了减少考核环节的扯皮现象，在下达预算考核目标的时候，可以进一步量化，更加突出针对性。比如销售预算定量考核项目可以这样设置：

1. 销售收入目标1亿元、利润目标1.2亿元，分别赋予一定权重；
2. 为达到控制费用的目的，增设销售费用率指标8%；
3. 为达到控制应收账款的目的，还需增设有关指标；
4. 如果业务部门能够掌控产品价格，那么还需增设销售毛利率指标20%。

案例 4-15

某公司采购部承担降低采购成本的预算目标是2000万元，完成指标，奖励采购团队50万元。到当年9月底，采购部门已完成降本额度1500万元。10月开始，钢材市场一路涨价，到年底钢材采购价格上涨25%，采购部门无法完成采购降成本任务，全年只完成了1200万元。

采购部认为钢材涨价是不可控因素，考核时应该剔除，若剔除钢材涨价因素，采购实际完成降本2100万元。

你的意见如何？

分析

企业实行预算管理以后，财务部门不管是愿意还是抗拒，不管是主动还是被动，都会深深地融入业务。以前绩效管理都是行政部门或人力资源部门的事情，现在预算管理和绩效管理相互支持、相互依赖，财务部门必然要介入绩效管理，在下达目标和目标值、过程监控、结果计算和绩效评价等环节发挥重要作用，甚至主导绩效管理进程。

这是我们在一家企业做管理咨询时发生的案例。他们的采购经理找到咨询顾问，希望顾问在这件事情上给他评评理。总经理对这件事

第四章 预算执行

情的处理其实也很慎重，召集财务经理和人力资源经理等相关领导开过一次专题会。会上大家意见也不统一，但是最终采纳了财务经理的意见。财务经理说："考核无理由、无借口，否则，开了这个先例，今后所有被考核人一旦完成得不理想，大家总能找出一堆理由和借口，找出一堆不可控事项和客观因素，绩效考核扯来扯去就变成了一笔糊涂账。既然年初承诺的降本指标是2000万元，最终的完成数据是1200万元，我们只管结果不问过程，显然预算目标没完成，奖励取消。"

公司在预算编制阶段，下达给采购部门一个关键指标，即采购成本降低2000万元。采购部门围绕这一降本指标，是不是应当马上组织人员探讨、制定行动方案？比如他们一共制定了八个降本方案，预算合计降本2000万元。在预算答辩阶段，他们的降本方案也顺利通过了。一年当中，采购部门严格执行降本方案，年底经过测算和财务部门的逐一核实，八个方案的执行结果是实际降本合计2100万元，并附上2100万元的计算依据和业务路径。

然而我们发现，八个降本方案没有一条是跟钢材价格相关的，他们不会指望老天保佑全年钢材价格下降，因为这不是他们努力的结果，也不在他们的能力控制范围内。同理，他们自然也不会把钢材涨价对降本方案的影响考虑在内。

需要注意的是，采购部门作为一个物料专业管理部门，应该对钢材市场等原材料市场和其他物料市场的价格走势具备一定的分析能力和判断能力。采购部门有没有把握住钢材市场的这一波上涨趋势？采购经理说："我们的采购人员常常在一起探讨钢材市场的走势，也经常和同行、供应商一起交流，密切关注原材料市场的动态和信息。我们为此专门向总经理以书面的形式详细汇报过，并且建议在资金许可的情况下多储备一些钢材。老板可能担心采购部门的判断不一定准确，

291

可能认为办企业不是做期货的，赌性不能太重，反正最终没有采纳采购部门的意见，这又能怪谁呢？"

所以，我们建议这家企业的总经理赶紧将资金兑现给采购团队，这么优秀的采购团队不能被错误的绩效管理决策断送了。我们说采购团队优秀，其实还考虑了一个因素：钢材价格一路上涨，导致很多主要由钢材构成的配套件的成本也上涨了，在原材料涨价的环境中，采购部门实施当初的降本方案面临更多的困难，但他们最终顶住了供应商涨价的压力，实现了降本指标。总之，预算考核不能单纯地拿预算数据和实际数据做比较，考核无借口、无理由是管理者无能的表现。在复杂的情况下，有必要将当初行动方案期望达成的结果和预算实际执行结果做对比，这样才不至于决策错误。

案例 4-16

有一家公司有 20 多家销售子公司，其中广州公司的总经理是公认的优秀销售人才，他带领的广州公司的销售业绩每年都名列前茅。后来为了开拓新市场、新区域，集团在重庆新成立了一家销售公司，便把这位总经理调了过去。他深感责任重大，决心不辱使命，工作中身先士卒，并注意对下属的激励和培养，带出了一个很好的团队。一年当中，他甚至没有休息过一天，可是一年下来，他的公司销售业绩排名垫底。集团公司总裁说："整个集团我最信任你，也最重用你，但是没办法，考评面前人人平等。"当初集团公司规定，考核不合格就要免职。

分析

这个案例相对比较简单,我们需要引以为戒的是,预算考核目标的制定必须因地制宜、协商一致,不可一刀切,要确保预算考核引导的方向符合公司的战略和期望。

对于新成立的销售公司,显然不能将其和其他成熟的销售公司同等对待,不能把利润、销售额作为最主要的预算目标来考核新公司。对于重庆这家新公司而言,如果设定目标的时候用团队建设、渠道管理等预算指标来考核他们,结果就会有天壤之别。

建立子公司最开始的战略目标应该是建好团队、拓展渠道、开发客户、塑造品牌,而不是心急火燎地要求销售收入和利润。

二、可以奖励预算结余的部门吗

实行预算管理的企业都会面临同样的问题:预算指标没用完,要不要部分奖励给业务部门?如果不奖励,也不允许递延到下一年度,估计业务部门就会突击花钱,把预算指标用完,也为明年抢指标打下基础。所以,很多企业会采纳将预算节约额用于奖金发放的方法。

设想一下,预算管理制度规定,可将剩余预算的 50% 奖励给厉行节约的部门或个人,在这个策略的导向下,业务部门会怎么做?只有把上有政策和下有对策两方面都想明白了,策略才能有效,策略的导向作用才能真正得以发挥。

比如销售部门全年招待费预算 100 万元,花掉了 80 万元,剩余 20 万元,按照规定,可以拿到 10 万元的奖励。关键是,这个预算节约额是从何而来的?首先,该做的事不做,该花的钱不花,是不是节约额就出来了？结果导致对该招待的、该送礼的、该维护的客户不再花钱或推迟到明年再说。又比如到了年底，人力资源部门发现还有5万元的培训费没用完，两个培训项目还没做，这个时候为了拿奖励，就不安排培训了，或者找两个费用便宜的老师蒙混过关。奖励不做事情的或奖励做事打折扣的，这是不是很滑稽啊？其次，年初一门心思抢指标，节约额立即就有了保障。奖励年初抢指标的，这是不是很荒谬啊？

一开始，我们也将奖励节约额写进了预算管理制度。但是两年下来，从来没有业务部门拿过这个奖励。后来我们终于明白了，财务部门自以为精确设计的制度条款，在业务部门看来简直如同儿戏。招待费节约20万元，可以申请拿10万元的奖励，但是明年公司一定砍他的预算。如果全部开票、全部花光呢，不是能拿到20万元吗？而且明年抢指标的时候不是也可以理直气壮吗？

所以，建议大家在预算考核时不要直接将奖励预算节约额的条款写进去，因为可能导致抢指标或不做事。但确实是因为业务部门在预算执行过程中能力有提升、方法有创新，这样得来的节约额要不要奖励呢？必须大奖特奖！因为这就是实行预算管理期望达到的效果。

比如销售部门的广告费和业务宣传费，以前都用于传统的投放方式，花钱多且效果不好。预算执行过程中，他们开阔眼界，转换思维，开始用互联网的方式，通过新媒体传播，效果非常好，广告费和业务宣传费比预算还低，那就值得大张旗鼓地奖励、激励。

建议在预算管理制度里加一条：鼓励业务部门就预算节约额申报奖励。业务部门申报奖励，需要按公司要求详细说明预算节约额的来源，公司根据他们的申请报告，将当年的行动方案和以往年度的逐条对比，就能判断出节约额是否源自思路的调整、方法的创新。

三、可以考核预算准确度吗

80%实行预算管理的企业会将预算准确率指标纳入绩效考核，几乎100%的企业都十分关注预算的准确性问题。考核预算准确度和奖励预算节约额有异曲同工之处，都会给企业造成始料不及的后果。

想想看，被考核人要怎么做能提高预算准确度？如果年底预算有结余，比如说招待费预算50万元，花掉40万元，还剩余10万元，但是你要考核我的预算准确度，此时只有80%的预算准确度，那么我干脆全部花完，预算准确度不就是100%了嘛。注意了，考核预算准确度，可能导致业务部门突击花钱。

另外一种情况是预算无结余，比如招待费预算50万元，年底50万元全部花完了，本来招待客人、维护关系之类的还需要再花20万元，但是因为要考核预算准确率指标，那么超支的20万元我就不敢花了，重要客人来了，我让他去吃食堂或者吃快餐，应该喝茅台的我让他喝矿泉水。这就带来了第二个问题：停止做事，企业买单。

所以，考核预算准确度，可能导致两种错误的导向：预算若有结余则突击花钱，预算若不足则停止做事。突击花钱是可以预防和控制的，问题是若因预算不足而停止业务，管控起来就会很麻烦。

考核预算准确度，可能还会带来一个致命的问题：预算僵化，不敢根据环境变化及时调整预算。

如果预算编制做得很好，预算执行也很到位，不考虑预算调整因素，一般来说预算准确率就会比较高。但是我们也鼓励和提倡业务部门根据内外部环境及主客观条件的变化，及时申请调增预算以捕捉商机、应对变化。可是这样一来，实际数超过预算数，在考核预算准确度指标面前，业务部门就会犹豫不决，或者为了确保预算考核绩效，干脆放弃应对变化。

所以，我认为考核预算准确度指标实在没有太大的意义，带来的副作用却是显而易见的——突击花钱，停止业务，预算僵化。

其实，预算准确度根本就不是我们追求的目标。

在预算编制阶段，我们追求的是，在有限资源约束下，通过行动方案的创新，实现企业目标和部门目标。这个阶段根本没想过预算数和实际数的比较问题，因为实际数是一年以后的执行结果，一个未知数而已。

在预算执行阶段，我们追求的是，有没有严格执行当初制定的行动方案？有没有根据环境变化进行业务和资源两方面的需求调整判断？预算和实际的差异有没有分析清楚？改进行动方案是否到位、是否有效？这个阶段当然会关注实际数和预算数的差异，这是我们发现问题、分析问题、解决问题的源头和起点，只是我们应把注意力集中在预算差异分析上，而不是预算准确度上。一旦在预算准确度上聚焦，各种隐蔽的手段使得预算准确度显著提高，反而抹平了差异，掩盖了问题，失去了分析的起点和依据，后续改善就变成了一句空话。

只要我们在预算编制阶段和预算执行阶段追求的目标实现了，预算准确度高不高根本就不重要。因为二者没有因果关系，更多的是排斥关系。

预算编制时点和执行时点之间的时间差，决定了预算与实际之间充满变数和不确定性：内外部环境变化、主客观条件影响、思维改变、能力提升、经验增加等，所以编制预算时要在当初的背景下思考实现目标的业务路径和资源路径，执行时要在当下的背景下重新思考如何调整、优化业务路径和资源路径。

预算本来也是对未来的规划、未来的思考，我们不是神仙，做不到料事如神、神机妙算，尤其是当下的外部环境急剧变化，我们更不能片面追求预算的准确度。

四、如何量化预算指标考核

预算管理的起点是战略管理，即上接战略；预算管理的过程是运营管理，即衔接运营；预算管理的终点是绩效管理，即下接绩效。所以，预算管理和绩效管理完全可以紧密结合，互为支持。预算管理为绩效管理提供能力保证和过程保障，绩效管理为预算管理提供动力机制、压力机制和支持机制保障。

预算考核分为定量考核和定性考核两种方式，建议两种方式结合使用。这一部分内容讲的是定量考核。

如何选择定量指标？建议大家从投入产出效率角度进行思考，比如应收账款周转率、存货呆滞积压率、费用占收入比、产品毛利率、销售利润率、股东回报率、人均产值、人均劳动生产率、人均收入、人均工资、人效、坪效、店效、采购降本指标、研发降本指标等。

年初编制预算的时候，下达给各分/子公司、各业务单元、各职能部门的目标，其实就是预算考核的最佳指标。当然，不建议将产出类目标（销售收入目标、利润目标）和绩效考核直接挂钩，投入类目标必须和绩效管理挂钩。

预算定量考核有两种导向，传统做法的目的是传递管理压力，属于责任导向，做的是减法，即要求完成预算目标，完不成如何处罚。我们提倡的是激励导向，培育企业分享增量收益的文化，完成了如何激励，做的是加法。当然，经营企业是有底线的，所以，如果底线目标未完成，也是要接受处罚的。但是底线目标一般都能完成，不会给人压力感，它的目的是兜底。这一机制希望传导的感受更多的是激励。至于具体如何操作，可以借鉴底线目标（100%把握）和进取目标（80%把握、20%挑战）双重目标组合的做法，如表4-6所示。

表 4-6　预算考核激励导向示例

预算目标	底线目标	进取目标	绩效评价办法
净利润	2000万元	2500万元	未完成底线目标的，效益年薪按五折发放；连续两年未完成底线目标的，调离本岗位 完成进取目标的，效益年薪全额发放，并按超额部分的20%奖励经营班子，其中预算目标第一责任人分配占比40%
研发降成本	200万元	250万元	……

预算考核最好与公司的绩效管理相结合，把预算管理需要考核的指标纳入公司的绩效考核内容就可以了。不要另起炉灶，单独搞一套，否则会弄得公司的管理越来越复杂，效率越来越低。

从季度考评表（见表4-7）来看，一般企业对公司级的考核都会将营业收入和利润指标作为重点，这点没错，但是挂钩方式有待商榷。利润指标虽然最为重要，但是容易引发短期行为，例如为了完成利润目标，总经理在他的任期内可能会刻意选择减少研发投入、减少品牌宣传费用、减少固定资产投入、减少人员培养成本等，短期内利润是有了，但企业的发展后劲没了。所以，需要将营业收入指标纳入，这是出于对企业的成长性、可持续性的考虑。我们把它叫作"双目标考核"。当然，收入目标和利润目标在权重上必须加以区分，不能搞平均主义，三七开或二八开比较合适，不同企业不同阶段取舍不同。

第四章 预算执行

表4-7 ××公司××××年×季度考评表（针对子公司经营班子）

考核项目	行动计划	实际完成	完成率	权重	考核标准（要求）	得分	考评说明	责任人	考评主体	审批
财务指标 50%	销售额（万元）				实际完成÷考核指标×权重=得分				财务管理中心	总经理
	利润（万元）									

考核项目	行动计划	权重	考核标准（要求）	得分	考评说明	责任人	考评主体	审批
运营指标 50%	产品研发设计						行政管理中心	总经理
	产品质量管理							
	应收账款控制						财务管理中心	
	存货资金控制							
	各项费用管控							
	预算管理评价							
阶段性、临时性工作	—						总裁室	总经理
创新奖励	销售模式创新取得成效			本项由总经理进行考评，责任人提供详细的考评依据，分值最高为5分				总经理
	人才引进，核心员工稳定							
	产品研发成果取得市场领先地位							
	制度创新，管理卓有成效							
合计								

编制： 审核： 批准： 日期：　年　月　日

现在很多企业都遇到了现金流问题，总经理和财务总监经常为找米下锅发愁。对于这种企业，建议将经营活动产生的现金净流量指标纳入预算考核，与营业收入、利润目标一起，进行三目标考核。

除了收入和利润目标，模板里还包括应收账款、存货和费用控制等指标，这些都是预算考核指标，应纳入企业的绩效考核体系，将预算考核和绩效考核二者融为一体。模板中甚至纳入了预算管理定性考核指标，而且权重很高，这是为了突出预算管理的重要性，让财务总监在推行预算管理的过程中处于主动位置，体现预算管理的权威性，让指挥棒能够有效运转。

年度考评计分表（见表4-8）基本上是遵循平衡计分卡的模式设计的：财务指标是否理想，归根到底取决于客户是否满意；客户是否满意，取决于企业的各项内部运作流程是否改善；能否持续改善流程，寄希望于个人和团队的能力提升。预算管理最根本的目的就是提升思考能力，实现组织目标。

表4-8　××××年度考评计分表

考评指标		考评标准	指标权重	底线目标	进取目标	实际值	得分	考评说明
主指标	盈利	净利润						
	增长	营业收入						
	风控	经营活动现金净流量						
辅助指标	客户维度							
	内部管理维度							
	学习与成长维度							

(续表)

考评指标		考评标准	指标权重	底线目标	进取目标	实际值	得分	考评说明
修正指标	年度重点工作项目							
否决指标	特别责任事项							
备注说明								

五、如何定性考核预算绩效

在预算实施初期阶段，不宜过多地量化考核预算目标，可以重点评估全面预算管理体系的搭建状况，给予财务负责人较多的定性考核建议权，便于发挥财务在预算组织、协调方面的作用。

预算编制环节的定性考核，在预算答辩会上已经由总经理作为考官亲自评价过了，这是最为严厉和最具威慑力的考核环节。预算调整环节和预算分析考评环节还会进一步评价编制质量和执行质量。

预算调整环节的定性考核，在审批预算调整申请单的同时就完成了。财务负责人和总经理在判断是否需要调整预算时，还要继续判断：预算编制有无问题？预算调整行为是否应当激励或处罚？

预算分析考评环节的定性考核，在预算分析考评会上由总经理作为考官，综合评价预算编制、预算调整、预算执行、预算分析和整改的效果如何。

预算定性考核的具体操作建议按预算信用管理模板（见表4-9）进行。

表 4-9 预算信用管理

基准分	80 分			
评价分	很好	较好	较差	很差
	+2 分	+1 分	-1 分	-2 分
评价项	预算编制、预算执行、预算审批、预算调整、预算分析、预算考评、预算组织各环节			
正激励	1. 年底信用分数≥90 分的，一次性奖励其 1000~10000 元 2. 预算信用分数≥90 分的，优先考虑晋升或加薪 3. 预算信用分数实行 100 分封顶			
负激励	1. 年底信用分数≥60 分且<70 分的，给予黄牌警告一次 2. 连续两年信用分数≥60 分且<70 分的，黄牌换红牌 3. 年底信用分数<60 分的，直接给红牌，将其从职位上赶下来 4. 预算信用分数<80 分的，失去晋升或加薪的资格			
补充项	每月（季）将预算责任人的信用管理分张榜公布（红榜、黑榜）			

实行预算管理以后，财务负责人会发现自己在预算组织过程中非常被动，业务部门不是消极对待就是设置障碍。为了扭转局面，争取主动，建议将财务负责人的考核权纳入预算管理制度。在预算定性考核过程中，首先由财务负责人提供考核建议，再由总经理审批。有这样的制度安排和组织保证，财务负责人在预算组织过程中的被动局面就会发生天翻地覆的变化。再结合表 4-9 所示的预算信用管理措施，所有预算责任人都会积极主动、自动自发地参与预算，配合管理，支持变革。

例如，某个部门的负责人年初预算信用基准分是 80 分，经过一年的努力表现，在预算编制、预算执行、预算调整、预算分析、预算考核等环节不断得分，快到年底时信用分变成了 89 分，那么这个部门负责人是不是特别希望再涨 1 分，跨上 90 分的台阶？在此目标的激励下，他的预算管理行为一定会呈良性发展，和财务部门的沟通也会顺畅愉快。

假设，某个部门的负责人之前对预算管理嗤之以鼻，抱着"不理解、不支持、不配合"的态度。一年下来，预算信用分从基准分80分降到了70分，再降1分，当年就要被黄牌警告。那接下来他是不是要小心翼翼地维护自己的预算信用呢？财务负责人准备再扣他1分的时候，他一定苦苦哀求放他一马，一定郑重承诺下次改正。是不是被考核人的行为开始改变了？是不是考核人变得轻松愉快了？

每月或每个季度公司将预算负责人的预算信用分张榜公布，从高往低依次排列，接受舆论监督的同时，也将信用分作为晋级加薪的依据，促使每个人都盯着排行榜，自动自发地维护自己的信用。

执行指引

下面和大家分享某企业的预算执行操作指引。

一、预算控制

1. 控制原则

预算控制的指导思想源于"基于业务的动态预算控制"理念。预算控制的作用在于平衡投入产出，通过对投入的必要性、经济性和时间性的控制，实现投入产出最佳比。在日常预算控制中应遵循五项基本原则。

① 全面控制原则。单位、部门及个人与企业经营管理活动相关的一切支出，均纳入预算管理。预算是企业所有业务活动的前提和获取资源的唯一途径，要求做到"有预算不超支，无预算不开支"。

② 事前控制原则。重大的资源投入在使用前必须接受审核，确保重大业务活动受控于预算。资源投入与否，不能仅根据有无预算确定，而必须在业务活动过程中，根据当前环境的需求必要与否，通过预算的事前控制进行判断和决策。

③ 过程控制原则。预算以业务过程及其控制为核心。事前控制是指预算控制的时点，过程控制是指事前控制的连续性。通过介入业务

活动的控制，评估预算项目的合理性与必要性。

④ 结余控制原则。预算项目的月度结余和季度结余可结转下期继续使用，但不得将余额转入下年度预算；为避免预算编制松弛，不得将预算结余用于发放奖金。

⑤ 重要控制原则。预算的控制根据重要性不同应有所区分，常规性的小额事项可以简化控制，例外的、大额的、非常规的预算支出应加强预算控制的力度，公司可以根据情况，设置不同的分权审批流程。

2. 控制主体

预算基于经营业务，所以预算管理活动存在于公司的各个流程、各个层级。公司预算管理链条上的各部门均应起到预算执行过程中的控制职责。

① 直接责任部门：公司各部门作为责任主体，是预算控制的主体，履行自控职责，部门负责人是责任人。若编制时已细化到个人的预算项目，且部门有控制到个人的管理意愿，执行过程中可按个人进行预算控制和信息披露。直接责任部门应确保业务本身的真实性、合理性、必要性。

② 预算管理小组：对预算前置审批、预算调整等事项履行审核职责。

③ 预算管理委员会：在重大事项的调整及预算使用方面履行审批职责，重点是审核其重要性，站在公司整体性上进行全局性的平衡与把关。

④ 预算监督部门：审计部门可以在事后对预算事项的执行过程进

行监督。其监督的重点是预算绩效考核、预算投入的效益性、审批程序的合规性、预算管控的风险评估与建议。

3. 控制要点

预算控制从实施主体和控制环节的不同，可以分为自我控制、审批控制、监督控制和绩效控制。不同的控制阶段有不同的控制要点。

① 自我控制：对应于预算的事前控制，在提交预算申请时，需要从以下三个方面阐述理由。

a. 为什么要做这件事？

b. 为什么是现在做？

c. 为什么是这个金额？

② 审批控制：对应于预算的事中控制，在各级控制主体履行审批职责时，需要从以下四个方面把关。

a. 业务是否真实？

b. 业务是否必要？

c. 时点是否合理？

d. 资金是否匹配？

③ 监督控制：对应于预算的事后控制，控制主体履行控制职责时，需要从以下三个方面把关。

a. 预算结果是否达到预期？

b. 审批流程是否合规、高效？

c. 预算管控是否有效？

④ 绩效控制：预算一经下发，其主要指标作为绩效（机制）指标的主要来源，占比大于80%。

二、预算审批

1. 审批原则

预算一经审批下发,即具有指令性,各责任主体必须认真组织实施,严格执行。为保证资源优化配置,执行过程中应把握两条原则。

① 按需使用原则。有预算资源不等于必须投入资源,公司及所有责任主体的经营环境不是一成不变的,当执行过程中的内外部环境与编制环节发生变化时,为了达成原定的目标,行动计划及由此产生的预算资源需求也应作相应的调整。

② 分类审批。预算资源使用时,要兼顾重要性和可操作性,根据是否在预算额度内、是否常规性开支、是否大额支出,履行不同的审批流程。

2. 审批流程

对非重要性资源支出,譬如常规性、金额不大的支出,只要在预算范围内,可不必办理事前申请程序,按需使用。

对重要性资源支出,如资本性支出、1万元以上的酌量性费用支出、人员及薪酬调整等,资源使用前需要做出申请。

重要性资源使用事前的审批程序:经办人填写(预算使用申请单)→责任主体负责人→机制和预算管理小组→经营及预算管理委员会。对于已经以其他书面形式体现了事前申请手续的,可以不填写预算使用申请单。

3. 审批规则

申请人提出预算资源使用申请时应做出必要的说明，并按流程逐级上报。申请人不得超越层级申请，若对审批人的意见有不同看法，可以越级申诉。

各层次的审批人对申请事项有三个选择：

① 同意，继续上报，共同承担责任；

② 不同意，退回，独立承担责任；

③ 有不同意见，不退回，上报不同看法，对自己意见的结果承担责任。

三、预算调整

1. 调整原则

因预算编制与资源投入使用在时间上和空间上不一致，执行时的条件和环境与制定时比较，可能会有较大变化，且预算编制也会有不当或错误之处，执行过程中进行调整是必然的，调整时应遵循三个原则。

① 按需随时调整。预算责任中心可以根据业务的变化情况，随时提出调整申请。

② 内部充分挖潜。当不利于预算执行的因素出现时，应首先通过内部挖潜或采取其他措施弥补。

③ 项目转换优先。预算确需调整时，原则上采取项目转换的调整方法。这是一种既保证业务目标的实现，又不突破预算总额的积极调整措施。

④ 界定调整责任。采取追加预算或新增预算方法调整预算时，须根据调整理由，界定是否承担相应管理责任。

2. 调整类型

原则上对于产出类的预算目标，年内不做调整，可以调整的为投入资源的预算。为了提高日常管理效率，单纯的预算减少事项一般不做调整，统一纳入预算考核进行管理。其他事项根据性质不同，分为追加预算金额、新增预算项目、预算项目转换三种情况。

① 追加预算金额：指原预算项目金额不足以完成相应的经济业务行为，预算责任主体提出追加预算申请，影响总资源投入。

② 新增预算项目：指预算编制时未考虑到的预算项目，为完成必需的经济业务行为，预算责任主体提出新增预算申请，影响总资源投入。

③ 项目之间转换：指一个预算项目金额需要增加，同时减少另一个预算项目金额，确保预算资源投入总额不变。

3. 调整申请

预算责任主体应履行自我控制责任，必须对提出的调整申请提供依据。

① 市场或环境是如何变化的？

这是市场信息的反馈机制，基础就是信息交流路径，据此了解市场或企业环境是如何发生变化的，是什么性质的变化。

② 市场或环境的变动是如何影响相关业务的，影响程度如何？

这是计划和资源的反应控制，即市场与环境的变动是如何影响业务目标和任务的；职能部门是否做出反应，做出什么样的反应；是否需要调整行动计划与资源配置，以适应市场和企业的需求。

③预算调整是不是实现组织目标所必需的，是否有利于目标？

这是判断反应必要性与合理性的准则。一切因变化而引起的资源调整，必须与组织目标相关，且有益于组织目标。

4. 调整流程

预算需要调整的，应当在业务行为发生前，由预算责任中心以预算调整申请单的形式提出申请，经机制和预算管理小组审核，经营及预算管理委员会审批。

四、预算分析

预算分析是全面预算管理过程中非常关键的一个环节，它通过制度化、程序化的分析平台，发挥预算的沟通和计划功能，发现各单位在预算执行中存在的问题，深入挖掘各部门、各环节存在的不适应市场要求和公司发展的现象，找出根本原因，推动各单位、各部门齐心协力，及时采取措施从根本上予以解决。

预算分析与报告流程如图4-2所示。

1. 信息反馈

财务部门履行信息反馈职责，应及时、准确记录各责任主体的实际发生数和预算数，建立健全的预算分析报表跟踪体系和预警机制，每月8日向预算管理小组和各责任主体负责人通报上月预算执行进度和差异等相关信息，为管理者提供决策信息支持。

为提高公司的业财融合能力，在提供信息反馈的基础上，鼓励财

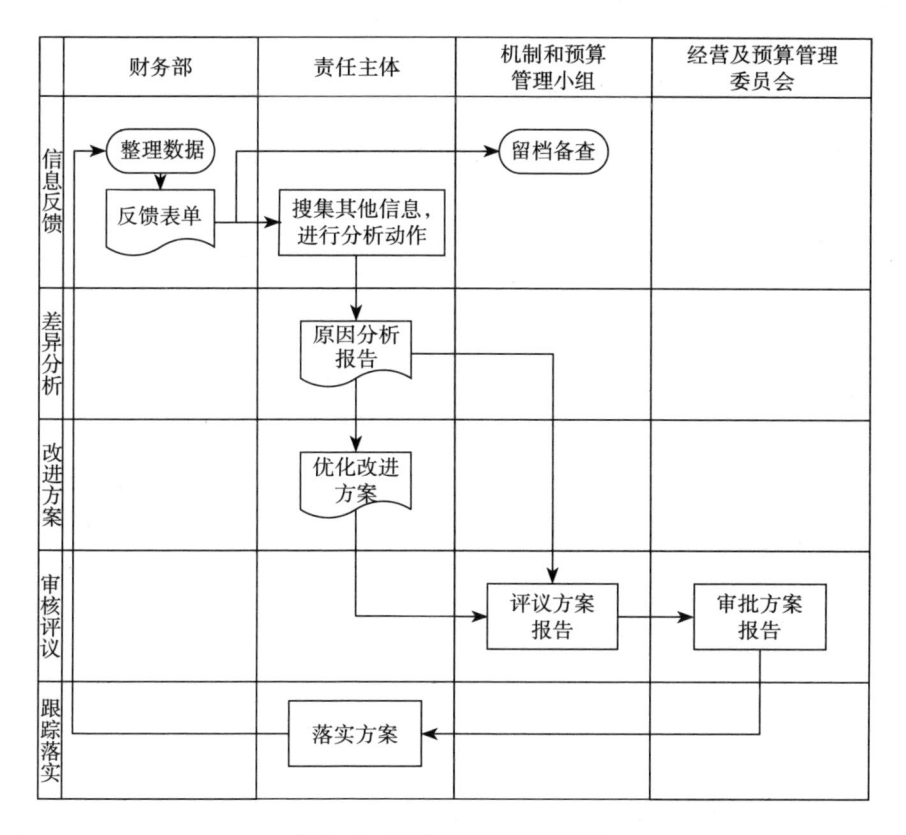

	财务部	责任主体	机制和预算管理小组	经营及预算管理委员会
信息反馈	整理数据 → 反馈表单	搜集其他信息，进行分析动作	留档备查	
差异分析		原因分析报告		
改进方案		优化改进方案		
审核评议			评议方案报告	审批方案报告
跟踪落实		落实方案		

图 4-2　预算分析与报告流程

务部门逐步深入地进行分析，从业务运行及资金使用的必要性、合理性等方面进行分析和建议。

2. 差异分析

各责任主体在财务部门提供的预算执行通报的基础上，每个季度开展差异分析工作。通过实际数据和预算数据的差异对比分析和执行进度分析，形成对本部门的经营现状、投入资源和管控能力的详细、全面的认识，找出产生差距的原因，并提出相应的改进措施。具体按以下要求进行差异分析：

① 总结前期改进措施的贯彻落实情况，评估上个季度工作任务完成情况，同时根据对事实的分析，对预算执行工作的合理性和有效性进行业绩跟踪；

② 以实际和预算的差异为突破口，分析、评估预算执行工作是否令人满意，是否符合公司的要求；

③ 如工作不能令人满意或不符合公司要求，尚存在哪些问题；

④ 对发现的重大或主要问题进行深入分析，界定责任；

⑤ 找出造成预算偏差的主要原因有哪些，并将其分解为内部因素和外部因素；

⑥ 找出造成上述因素的部门和人员有哪些；

⑦ 确定发生问题的责任人是谁。

3. 改进方案

针对差异分析中发现的问题，责任主体要提出相应的改进措施并形成改进行动方案，以保证公司年度预算目标和整体经营目标的顺利实现。改进行动方案可单独编写，也可作为预算分析报告的一部分一并上报，包括以下主要内容：

① 改进事项；

② 预期达到的目标或结果；

③ 预期完成时间；

④ 负责改进的责任人；

⑤ 行动方案与措施；

⑥ 需要的资源支持与协同说明。

4. 审核评议

预算管理小组对各责任主体的预算分析报告进行汇总，对于异常、重要、核心指标所涉及的部门，应选择性地进行评审。于每个季度结束后 20 天内组织召开预算评审会议，形成评议考核初稿，并将汇总信息及各责任主体的分析报告提交经营及预算管理委员会进行评审，形成考核等最终结论。

5. 跟踪落实

预算管理小组将审批的预算分析报告方案下发给责任主体和财务部门遵照执行，并形成管理闭环，实现持续、有效地改进，最终实现公司的预算目标。

五、预算考核

为严肃预算管理，保证预算管理的刚性，对事先应以预算使用申请单（前文表 4-1）、预算调整申请单（前文表 4-2）履行审批程序，但未履行且已发生资源投入的，财务部门应拒付；对各部门在预算额度内自行控制使用的项目，费用报销时发现超预算的，财务部门应拒付。

对违反制度规定的，考核提报部门填制制度违规考核通知单（见表 4-10），经表单流程审批后交机制和预算管理小组汇总统计，按兑现周期交人力资源部门造表扣款。被考核主体可以申诉，但申诉期间不能阻碍考核事项的进行。

表 4-10　制度违规考核通知单

违规责任人	
考核事由	签名：　　　　日期：　　年　　月　　日
考核金额	大写： 小写：
责任人陈述	签名：　　　　日期：　　年　　月　　日
总经理审批	签名：　　　　日期：　　年　　月　　日
备注	

对违反预算管理制度的，按以下标准和要求（见表4-11）予以考核。

第四章 预算执行

表4-11 预算管理考核要点

考核项目	考核责任部门	兑现周期	考核条件	奖惩标准	考核提报部门	备注
未履行预算前置审批、调整审批程序	所有责任中心	月度	无申请	罚50~200元/次	财务部门	同时补办申请流程；对于无理由及理由不充分的，最终审批人可在审批意见中直接写明惩罚要求
越级审批	所有责任中心	月度	越级审批	罚50~200元/次	预算管理小组	包括使用前置审批、预算调整审批
预算编制及时性	所有责任中心	月度	被动延期	罚50元/天	预算管理小组	—
预算编制质量	所有责任中心	月度	评审次数	首次评审通过即奖励200元；评审多于三次才通过，每多一次罚100元	预算管理小组	预算的编制环节包括年度总结和计划、目标的自提和确定、计划和行动方案体系、预算表单，每个环节均作为一个评价项目
预算分析及时性	所有责任中心	季度	延期天数	罚50元/天	预算管理小组	—
预算分析质量	所有责任中心	季度	质量好坏	奖或罚≤500元	预算管理小组	以优、良、一般、较差、差来评标，并对应奖罚
改进方案推进及时性	所有责任中心	季度	延期天数	罚50元/天	预算管理小组	—
改进方案效果评估	所有责任中心	季度	质量好坏	奖或罚≤500元	预算管理小组	以优、良、一般、较差、差来评标，并对应奖罚
费用控制合理有效性	所有责任中心	季度	质量好坏	奖或罚≤500元	预算管理小组	以优、良、一般、较差、差来评标，并对应奖罚

总结

企业预算管理的价值和作用

一、颠覆传统的价值模型

传统的观点一致认为,预算是公司及各部门的奋斗目标、控制标准、协调工具和考核依据。我在备考注册会计师的时候第一次看到这个总结,对其深信不疑,并把它作为真理和常识来指导企业预算管理的推进。经历长时间企业一线的预算管理实践,经过不断地碰壁和纠错之后,我觉得这个所谓公认的预算管理价值模型必须调整、改进,以免大家走弯路,甚至误入歧途。

我把预算管理的价值和作用浓缩为一句话:预算管理是基于目标达成的能力保障和过程控制。如图 1 所示。

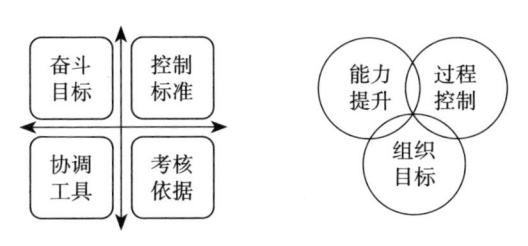

预算是基于目标达成的能力保障和过程控制

图 1　预算管理价值模型

1. 组织目标

预算管理的最终目的就是保障目标的实现，这里的目标包括公司战略目标、年度经营目标、公司分解目标等，统称为"组织目标"。

2. 能力提升

预算管理的本质在于创新：创新行动方案和创新动力机制。在目标的拉动下和绩效的驱动下，引导大家在做事花钱上找方法找措施——如何调整、改进、优化、创新，养成思考的习惯，提高思考的能力，从根本上促进目标的达成，这叫作"能力提升"。而传统的预算管理价值模型竟然忽略了这一点，必须补上，否则预算管理的价值就会大打折扣，甚至可能沦为数字游戏。

3. 过程控制

预算的执行贯穿全年，从基于动态业务的视角，通过控制、审批、调整、分析和考核等环节，全员、全方位、全过程地保障预算执行到位，从而保障目标达成。传统的预算管理价值模型描述为控制标准和协调工具，我们把它合并同类项为"过程控制"。

二、预算管理的本质和作用

预算管理的本质是将创新落地，作用是让目标达成。

1. 管理控制方法

预算管理是能将企业内所有关键问题融于一体并通盘解决的管理控制方法。

2. 保障目标实现

预算管理最根本的目的在于，保障组织目标的实现，通过能力提升和过程控制进行双重保障。

3. 创新行动方案

预算管理的本质在于，创新行动方案，让员工养成思考的习惯，提高思考的能力：能调整吗？能改进吗？能创新吗？

4. 调整动力机制

预算管理强调在有限的资源约束下，将资源驱动转化为创新驱动，做到合理有效地花钱：如何花钱？花多少钱？还能少吗？

5. 全程过程控制

预算管理通过对预算的控制、审批、调整、分析与考核等环节进行全过程管理，改善控制，保障执行到位。

三、预算管理的体系功能

对公司而言，预算管理到底有什么用？

1. 整合公司的经营管理体系

预算管理将公司的中长期战略、年度目标、经营计划、资源配置、业务运营、过程控制、绩效管理，以及人财物、产供销等纳入一个体系，齐头并进地进行管理、控制和提升。

2. 战略落地的路径和桥梁

公司战略转化为年度目标，年度目标的实现取决于客户对产品的满意；客户是否满意，取决于内部运作流程的改善；业务流程能否持续优化，取决于个人与团队能力素质的提升；能力提升，必须通过预算编制阶段的打磨和执行阶段的迭代。

3. 绩效达成的保障与控制

预算管理有两个阶段，预算编制阶段的主要目的是解决能力问题，预算执行阶段的主要目的是进行过程控制，预算管理在绩效达成中起到了能力保障和过程控制的重要作用。

四、预算管理的底层逻辑

实行预算管理的企业，为什么能够更加有效地做到战略落地、目标实现、运营高效、绩效达成？我们最后总结一下全面预算管理的运行机制。如图2所示。

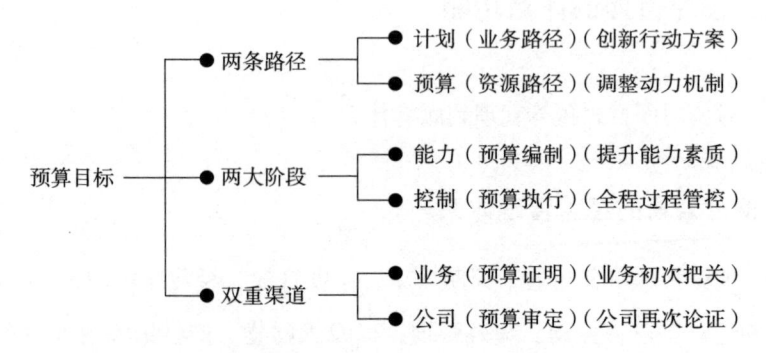

预算目标
- 两条路径
  - 计划（业务路径）（创新行动方案）
  - 预算（资源路径）（调整动力机制）
- 两大阶段
  - 能力（预算编制）（提升能力素质）
  - 控制（预算执行）（全程过程管控）
- 双重渠道
  - 业务（预算证明）（业务初次把关）
  - 公司（预算审定）（公司再次论证）

图2　预算管理是如何保障目标达成的

1. 两条路径

两条路径即业务路径和资源路径。为了实现组织目标，必须在有限资源约束下，找到合理有效的行动方案，尤其强调创新，从而提升能力素质，确保组织目标是可实现的。

2. 两大阶段

两大阶段即预算编制和预算执行。预算编制的时候对粗放管理做了一次过滤，能力提升了；预算执行的时候又进行了一次过滤，过程受控了。经过这两次过滤，滤去杂质、挤干水分，得到隐藏在粗放管理中的利润，实现组织目标。

3. 双重渠道

双重渠道即业务渠道和公司渠道。无论是编制阶段还是执行阶段，业务部门都要证明业务路径和资源路径是合理有效的，财务负责人和总经理代表公司从公司层面进行审核论证。